변호사 아빠와 떠나는 '민주주의와 법' 여행

변호사 아빠와 떠나는

민주주의와
법 여행

대한민국은
민주공화국이다

글 양지열 | 그림 박유나

특별한서재

법과 관련해 이전에 펴낸 책들과 강연을 통해 청소년들을 만나고 있습니다. 미래의 주인공들을 위해 대한민국의 어제와 오늘을 전하고 싶어서입니다. 정치와 법은 몇몇 정치인, 법조인이 아니라 국민 모두를 위한 것이기 때문입니다. 초록불에 횡단보도를 건너야 하는 것처럼 혼란을 막기 위한 모두의 약속이기 때문입니다.

쉬운 일은 아닙니다. 헌법은 "우리 대한 국민은 3·1 운동으로 건립된 대한민국 임시 정부의 법통을 계승"하고 있다고 밝히고 있습니다. 대한민국 헌법은 1919년 이후 100년이 넘는 동안 만들어지고 바뀌어 왔습니다. 가장 기본인 민법만 하더라도 총칙, 물권, 채권, 가족법, 그리고 민사 소송법으로 이루어져 있습니다. 전공자에게도 몇 년이 걸리는 공부입니다. 그래서 어디서부터 어디까지 다루어야 할지 고민에 빠졌습니다.

문득 교과서로 눈을 돌렸습니다. 학교에 다닐 때는 모르기 쉽지만, 지나고 보면 그 이상의 책이 없습니다. 국어 교과서에 수록된 시와 소설은 모두의 가슴을 울리는 뛰어난 문학 작품입니다. 모든 과목의 교과서가 그런 식입니다. 그럴 수밖에 없습니다. 뛰어난 학자들이 지식과 지혜를 모아 정리했고, 많은 선생님의 경험과 정성이 녹아 있기 때문입니다. 교과서를 시험공부 대상으로 읽기 때문에 머리가 아픈 것입니다.

정치와 법 역시 마찬가지입니다. 중학교와 고등학교 1학년까지 공통 과목인 '사회'에 반드시 필요한 내용이 들어 있습니다. 안타깝게도 선택 과목인 고등학교 '정치와 법'에서 보다 자세하게 보충하고 있습니다. 더할 것도 뺄 것도 없어 보입니다. 다만 조금 이해하기 쉽도록 거들어 주고 싶었습니다. 시험 준비에 그치는 것이 아니라 대한민국 국민으로 살아가는 일에 도움이 되고 싶었습니다.

'딸 바보'인 어느 아빠의 마음을 빌려 오기로 했습니다. 현실의 문제를 궁금해하는 딸과 변호사인 아빠와의 대화를 통해 답을 찾아보기로 했습니다. 법과 제도가 태어나는 공간으로 여행을 떠났습니다. 책에 찍힌 글자에 그치는 것이 아니라 '만유인력'처럼 현실을 지탱하는 원칙이라는 사실을 느낄 수 있기 바랐습니다. 교과서에서 한 발짝 밖으로 나와 직접 고민해 볼 수 있는 생각거리도 준비해 봤습니다.

책을 읽는 일은 머릿속에 새로운 길을 닦는 것과 비슷합니다. 한 번도 가 보지 않은 낯선 곳으로 떠나는 여행이기도 합니다. 여행 책자를 봤다고 실제 그곳을 아는 것은 아닙니다. 안내문에 따라 걸었는데도 엉뚱한 목적지에 닿을 수 있습니다. 풀숲에 뒤덮여 길을 찾기 어려울 수도 있습니다.

법에 관련한 내용은 유난히 그런 편입니다. 가능한 한 피하려 했지만 낯선 용어들이 장애물처럼 앞을 막을 수 있습니다. 가로막혀 몇 번이고 같은 곳을 헤매야 할 수도 있습니다.

다만 한 가지는 분명합니다. 알든 모르든 우리는 모두 그 길을 따라 살아야 합니다. 자칫 구덩이에 빠지거나 어딘가에 부딪히는 사고를 당할 수도 있습니다. 그래서 변호사 아빠와 함께 미리 걸어 보면 좋겠지요. 당연한 이야기지만 '아들 바보'이기도 합니다.

양지열

차례

민주주의는
오늘도 실험 중

—민주주의

딸 민주와 함께하는 8박 9일 '민주주의와 법' 여행 첫째 날! 오늘은 서울 용산구
곳곳을 산책하며 이야기를 나누고, 공권력을 상징하던 공간에서 민주화를 상징
하는 공간으로 거듭난 민주화운동기념관에 방문할 예정이에요. 민주가 그동안
정치에 대해서 궁금했던 점이 많았다고 하네요. 어떤 질문을 할지 살짝 긴장되기
도 하는데요. 민주를 위해서라도 서둘러 출발해 볼까요?

중고등학교 교과서 연계 단원

중학교 사회

9 정치 생활과 민주주의
정치의 의미와 기능

민주 정치의 발전과 민주주의

10 정치 과정과 시민 참여
정치 과정과 정치 주체

11 일상생활과 법
법의 의미와 목적

고등학교 정치와 법

1 민주주의와 헌법
민주주의와 법치주의

오늘의 대화 (오전 10시)

민주주의는
소란스러운 것!

민주 8박 9일 동안 수학여행도 아니고 '민주주의와 법' 여행이라니! 어려울 거 같기도 하지만 아빠와 간만에 함께하는 시간이고 여러 장소도 갈 수 있어서 기대돼요.

아빠, 제일 먼저 정치에 대해서 물어보고 싶었어요. 수업 시간에 정치에 대해서 배우기는 하지만, 솔직히 그다지 관심이 가지는 않아요. 대통령이나 국회 의원 같은 분들이 어떤 이야기를 했는지 뉴스에 종종 나오는데요. 서로 자기가 옳다고만 하더라고요. 그래서인지 어른 중에도 정치가 아예 싫다고 하는 사람도 많잖아요. 정치인들은 왜 그렇게 서로 싸우기만 하는 거예요?

아빠 민주 입장에서는 충분히 그렇게 보일 수 있어. 그런데 그분들이 왜 그렇게 목소리를 높이는 건지 혹시 생각해 본 적 있니? 그 목소리는 상대방을 향하는 것이기도 하지만, 국민에게 자신의 의견이 옳다고 주장하는 것이기도 해.

대한민국이라는 나라에는 많은 사람이 모여 살지? 우리가 함께하기 위해서는 수많은 일이 필요해. 하지만 저마다 원하는 게 조금씩 다르기 때문에 누군가가 나서서 방향을 정하고 나아가야 하지.

예를 들어 출퇴근길에 교통 정체가 심한 지역이 있다고 해 보자. 어떻게 해야 이 문제를 해결할 수 있을까? 우선 도로를 넓히는 방법이 있겠지? 지하철이나 버스 운행 횟수를 늘려서 자가용 이용을 줄일 수도 있고. 한곳에 몰려 있는 회사들을 다른 지역으로 옮겨서 출퇴근길 자체를 여러 곳으로 나눌 수도 있을 거야.

이 중에서 무엇을 선택해야 할지 다른 의견을 가진 사람들끼리 대화하고 타협하는 일이 정치란다. 그러는 와중에 토론이 격렬해지면 목소리를 높이고 싸우는 경우도 생기지. 물론 정도가 지나치면 안 되겠지만 말이야.

우리나라보다 먼저 민주주의가 시작된 영국의 국회 의사당에서는 여당과 야당이 마주 보고 앉는데, 가운데에 줄이 그어져 있어. 이 줄은 놀랍게도 논쟁이 치열해지다 양당이 서로 칼을 겨누는 걸 막기 위한 거래.

그래서 아빠는 이렇게 생각해. 민주주의는 소란스러운 것이다!

대한민국에서는 결정이 필요한 일들을 누가, 어떻게 맡을지 정해 놓았어. 차차 자세히 이야기해 주겠지만 대통령도 있고 국회 의원도 있지. 모든 국민이 매번 나설 수는 없으니 말이야. 그렇게 맡겨 놓은 힘이 바로 권력이란다. 정치인들은 권력을 자신에게 달라고 국민에게 목소리를 높이지. 앞서 말한 출퇴근길 교통 정체를 자신이라면 이러저러하게 해결할 수 있다고 말이야.

정치인들은 가능한 한 많은 국민이 만족할 수 있도록 대한민국을 이끌고 가야 해. 권력을 가진 다음에도 어떤 정책을 펼 건지 끊임없이 국민에게 설명하고 동의를 구해야 하고. 때로는 목소리를 높여 상대방을 누르고, 때로는 설명하면서 더 많은 사람을 끌어들이려 노력하지. 권력을 마음대로 휘둘렀다가는 국민의 불만이 커지고 사회는 혼란스러워질 테니까. 그러면 그 자리에서 물러나야하지. 이처럼 권력을 얻고, 잘 행사해서 유지하는 활동이 정치란다.

그런데도 정치가 쉽게 민주의 관심을 끌지 못하는 이유가 있을거야. 아마 너무 먼 어른들의 세상으로 여겨지고, 민주의 삶에 어떤 영향을 주는지 와닿지 않기 때문일 거야.

그런데 그 어른 중에는 아빠나 엄마도 포함되어 있잖아? 민주는 아직 학생이니 우리 가족이 함께 사는 집에서 엄마, 아빠가 버는 돈으로 생활하고 있고. 그러니까 일자리나 부동산과 관련한 정치적 결정은 민주의 삶과도 이어지는 거야. 민주와 더 관련이 많은 것도 있어. 대학 입시에 어떤 과목을 얼마나 반영할 건지, 대학 수학 능력 시험은 얼마나 어렵게 낼 건지 정하는 일노 정치의 영역이거든.

물론 정치에 관해 몰라도 사는 데 지장이 없을 수도 있어. 그게 정치인들이 맡겨 놓은 일을 잘하는 덕분이라면 참 다행이지.

그런데 멀지 않은 과거를 돌아보면 그렇지가 않단다. 국민이 관심을 놓으면 정치인들이 자기 잇속만 챙기려 하고, 나라가 엉뚱한 곳으로 흘러가기도 하거든. 불과 얼마 전에도 그랬어. 그럴 때면 국민이 직접 나서서 목소리를 높여야 하지.

어때? 정치가 왜 중요한지 조금 실감이 나니? 그런데 많은 사람이 어우러져 사는 데 정치와 함께 또 하나 필요한 게 있어. 바로 법이란다.

이래라저래라
하지 않는 것이 법

민주 법! 그러네요. 많은 사람이 함께 살아가려면 지켜야 할 규칙이 있어야 하니까요.

하지만 법이라고 하면 어쩐지 이러쿵저러쿵 간섭하는 거 같아서 거부감부터 들어요. 이것도 안 된다, 저것도 안 된다, 하지 말라고만 느껴지는 이유가 뭘까요?

아빠 아빠 생각에는 법에 관한 흔한 오해가 아닐까 싶어. 물론 법의 이름으로 금지하는 게 있어 보이는 건 사실이야. 빨간불에 횡단보도를 건너면 안 되는 것처럼 말이지.

그런데 보행자를 상대로 빨간불이 켜지면 차량 신호등은 초록

불로 바뀌어. 보행자가 건너지 못하도록 막는 게 아니라 보행자와 차량이 가야 할 순서를 정해 놓은 거니까. 이렇게 기준을 세워 놓아야 서로 먼저 가겠다는 대립과 갈등을 막을 수 있겠지?

우리나라에서는 다른 사람의 물건을 훔치면 형법 제329조에 따라 절도죄로 6년 이하의 징역에 처해. 이는 단순히 도덕적으로 나쁜 일이라서 그러는 게 아니고, 개인이 가진 재산을 지켜 주기 위해서 그러는 거야.

대한민국은 헌법 제23조 제1항에 따라 사유 재산을 보장하는 나라야. 노력한 만큼 그 대가를 얻을 수 있지. 도둑질하는 사람을 그대로 두면 열심히 일하려는 사람이 없어질 거야. 법은 이렇게 한 사회를 이룬 사람들이 추구하는 가치와 목적을 달성하기 위한 거란다. 위에서 아래로 이래라저래라 시키는 명령이 아닌 거지.

그런데 예전의 법은 달랐어. 함무라비 법전은 무려 기원전 1,800여 년 전으로 거슬러 가는데, 절대적인 권력을 가진 왕이 백성들에게 내리는 일방적인 지시였거든. 지금은 국민을 대표하는 국회에서 만드는 우리끼리의 약속인데 말이야. '법'이라는 이름만 같을 뿐 예전과 지금의 성격이 다른 걸 알 수 있지. 물론 법을 어기면 국가 권력이 강제로 처벌하기도 하지만, 그 역시 약속을 지키기 위해서인 거야.

공정함을 상징하는 저울을 들고 있는
정의의 여신

어때? 법은 어느 시대, 어떤 사회인가에 따라 달라진다는 걸 알 수 있겠지?

절대 왕정이 끝나고 국민이 주인인 국가를 만들던 무렵에는 자유를 강조했어. 왕이 주인이었던 국가의 간섭에서 벗어나는 게 목적이었으니까. 하지만 너무 개인의 자유만 강조하다 보니 주변 사람과 환경은 나 몰라라 하는 부작용이 생기고 말았어. 그래서 현대에는 헌법 제23조 제2항에 따라 공공복리를 함께 추구하도록 제한하고 있단다. 우리가 흔히 아는 정의의 여신은 저울을 들고 있지? 이처럼 모든 것의 균형을 잘 이루도록 애쓰는 것이 법이란다.

다시 말해서 법을 만들고 집행하는 과정은 저울질이라고 할 수 있어. 학교 주변의 교통사고를 막기 위해서 '어린이 보호 구역'을 만들었잖아. 그러지 말고 아예 차량 통행을 막으면 어떨까?

그러면 사고는 더 확실히 막을 수 있겠지만 그럴 수는 없어. 어린이 보호 구역은 속도를 어느 정도로 줄여야 어린이들의 안전을

변호사 아빠와 떠나는 '민주주의와 법' 여행

보장하고, 운전자의 불편을 최소화할지 저울질한 결과니까. 모두
의 약속인 만큼 누구나 알아볼 수 있도록 명확하게 만들어야 한다
는 점에서도 그렇네.

민주주의가
200년으로 끝난다면?

민주 법에 대해서 전보다 훨씬 잘 알게 된 거 같아요!

그런데 제 이름이 민주라서 더 그렇게 느끼는 걸 수도 있지만요. 평소에 민주주의라는 단어를 너무 자주 듣는 거 같아요. 대한민국이 민주주의 국가라는 사실을 모르는 사람은 없을 거예요. 국민이 선거로 대통령과 국회 의원을 뽑는 나라에 산다는 사실도 초등학생 정도면 다 알 거고요. 그런데도 끊임없이 민주주의를 강조하는 이유는 뭘까요?

아빠 맞아. 너무 자주 들어서 지금은 민주주의라는 말이 공기나 물처럼 여겨지기도 하지. 하지만 민주주의가 그렇게 당연한 것만

변호사 아빠와 떠나는 '민주주의와 법' 여행

은 아니야.

잘 알겠지만, 민주주의는 고대 그리스 아테네에서 시작했다고 하잖아. 아테네에서는 모든 시민이 참여해서 국가의 중요한 정치적 결정을 내리는 민회, 민회에서 선출한 의원들로 일상적인 행정을 담당하고 법을 만드는 평의회, 시민들 사이의 분쟁을 배심원 다수결로 판결하는 재판소를 운영했지.

얼핏 현대 국가와 비슷해 보이지만 중요한 차이가 있어. 아테네는 따로 대표를 뽑지 않고 모든 시민이 직접 정치에 참여하는 직접 민주주의 체제였어. 성인 남성 수가 3만 명에서 5만 명 정도에 그쳤던 도시 국가라 가능했지.

대신 여성, 외국인, 노예에게는 그럴 권리를 주지 않았어. 같은 국민으로 대우받지 못했던 그들 입장에서 보면 민주주의가 아니었던 거지.

도시 국가 아테네는 대략 기원전 5세기부터 마케도니아에 점령당했던 기원전 3세기까지 이어졌는데, 200년을 넘기지 못했어. 이후에는 한 나라의 도시에 그쳤던 셈이지. 민주주의의 시작이라고는 하지만 계속되지 못한 거야.

오히려 인류는 2,000년 넘게 절대 왕정 아래에서 살았어. '시작'이라는 단어 때문에 오랜 역사를 가진 것처럼 느껴지지만, 지금의 민주주의는 고작 200년 정도밖에 안 된 거지.

1789년 프랑스 혁명의 발단이 된 바스티유 감옥 습격

  17세기에 이르러서야 사람들은 왕이나 귀족 몇몇이 나라의 주인일 수 없다는 사실을 깨달았어. 그래서 국가란 국민의 동의로 만들고 유지해야 한다는 이론인 사회 계약설이 만들어졌단다.

  1789년 드디어 군주제를 폐지하고, 모든 인간은 태어날 때부터 자유롭고 평등하다는 선언을 한 프랑스 혁명이 일어났어. 최초로 대통령제를 만들어 낸 미국의 독립 전쟁 역시 그 무렵이었지.

  2,000년이 넘어 민주주의가 새롭게 등장했을 때의 국가는 아테네와 달리 넓은 영토와 많은 인구를 가지고 있었어. 모든 국민이 직접 참여할 수 없으니 간접 민주주의로 대표를 뽑는 대의제를 선택했지.

변호사 아빠와 떠나는 '민주주의와 법' 여행

1776년 미국 독립을 위해 싸우는 미합중국군

하지만 오랫동안 재산, 인종, 성별에 따른 차별이 있었어. 미국을 예로 들면 투표권이 여성에게는 1920년, 흑인에게는 1965년에야 제대로 주어졌지.

지금껏 자유, 평등을 강조하며 민주주의를 외쳤는데 왜 그런 모순이 생겼을까? 학문, 종교, 윤리는 오랜 역사 속에서 절대 왕정을 전제로 만들어졌지? 그래서 지금까지 중요한 가르침처럼 삼고 있는 것들에 민주주의와 맞지 않는 내용이 섞여 있을 수밖에 없어. 인류가 쉽게 모든 걸 바꾸기는 어려웠을 거고 여전히 그렇단다.

민주가 어렸을 때 들은 옛날이야기는 흔히 왕자님, 공주님이 주인공이었잖아. 민주 친구들이 좋아하는 게임의 줄거리나 캐릭터 역시 중세 시대의 세계관을 담고 있는 게 많고.

민주의 질문으로 다시 돌아가 볼까? 민주가 지겨울 만큼 민주주의라는 말을 듣게 되는 이유는 아직 인류에게 민주주의가 낯선 실험이기 때문일 수도 있어. 완성형이라기보다 여전히 만들어 나가는 중인 거지.

그래서 민주주의는 관심을 잃어버린 사이에 아테네가 그랬던 것처럼 200년으로 끝날 수도 있어. 공상 과학 영화처럼 인류의 미래가 엉뚱한 정치 체제로 향할 수도 있는 거지.

오늘의 대화 (오후 2시)

법은
엔진이자 브레이크다!

민주 그럴 리가요. 우리나라는 민주주의 국가이고, 삼권 분립을 통해서 권력 기관끼리 견제와 균형을 이루고 있잖아요. 법을 따라야 하는 법치주의 국가이기도 한데, 앞으로 민주주의를 거스르는 일이 일어날 수도 있다고요? 상상이 잘 안 되긴 해요.

아빠 민주는 민주주의 시대에 태어나 자랐으니까 다른 정치 체제를 상상하기 어려운 게 당연해.

하지만 법과 제도를 갖췄다고 꼭 그대로 이루어진다는 보장은 없어. 법과 제도가 허울뿐이었던 역사적인 사례는 얼마든지 있거든. 법이나 제도 자체가 잘못되었을 수도 있고. 사실 우리도 멀지 않은 과거까지 그랬으니까.

　말이 나온 김에 법치주의의 의미를 짚어 볼까? 한마디로 국가 기구를 구성하거나, 주어진 권력을 행사하는 일은 법에 따라야 한다는 원리야. 국민의 자유와 권리를 제한할 때도 마찬가지란다. 사람이 아니라 법의 지배를 따르자는 거지. 모든 국민은 법 앞에 평등하고.

　중요한 건 '모든'에 권력을 가진 사람부터 포함된다는 거야. 제아무리 높은 자리에 있더라도 법 위에 있지 않고, 법의 지배를 받아야 하지.

　이를테면 대통령이 어떤 정책을 펼치려 해도 국회에서 법을 만들어 뒷받침해 주지 않으면 집행할 수 없겠지? 자동차 핸들을 이리저리 돌리고 엑셀러레이터를 밟아도 엔진이 작동하지 않으면 어디로도 갈 수 없는 것처럼 말이야. 일단 출발해도 방향이 잘못되었거나 속도가 너무 빠르면 법이 브레이크 역할을 하는 거지.

　그런데 만약 대통령은 무슨 일이든 마음대로 해도 좋다는 식으로 국회에서 법을 만든다면 어떨까? 법에 따른 통치니까 여전히 법치주의라고 해야 할까? '악법도 법'이니까 어쨌든 따라야 할까? 그런 걸 형식적 법치주의라고 해.

　제2차 세계 대전을 일으켰던 독일의 히틀러는 선거로 권력을 잡

전쟁기념관에 전시되어 있는 대한민국 최초의 제헌 헌법서

았고, 수많은 유대인을 학살했던 끔찍한 범죄도 법을 만들어 저질 렀지. 그런 일을 인정할 수야 없겠지?

소크라테스는 결코 악법까지 지키라고 말하지 않았어. 이건 법을 빌어 권력을 남용하려는 사람들이 지어낸 말이야. 그런 말을 만들었다는 자체가 언제든지 법치주의를 뒤집으려는 시도였던 거지.

법은 목적과 내용이 정당할 때만 진짜란다. 우리나라는 대한민국 헌법에서 헌법 제정의 역사적 과정과 목적 등을 정해 놓았어. 그렇기에 어떤 법률이 헌법에 위반된다면 헌법 재판소의 위헌 법률 심사를 통해 무효로 만들어 버리지. 어디까지나 민주주의를 실현하는 수단으로 법치주의가 존재하고, 이를 실질적 법치주의라고 한단다.

대한민국 헌법은 1948년에 만들어진 이후 여덟 차례 고쳐졌어.

독재와 이에 맞선 혁명, 다시 쿠데타가 이어졌기 때문이야.

지금의 헌법은 1987년에 만들어졌는데, 그 직전 헌법은 총칼로 권력을 잡은 군인들에 의한 거였어. 국민의 손으로 직접 대통령을 뽑을 수조차 없는 시대였지. 형식적 법치주의라고 하기에도 부족했어. 그러니까 지금 민주가 누리는 민주주의는 길게 잡아도 1987년부터란다.

들어 보니까 어때? 민주주의가 앞으로는 절대 흔들리지 않는다고 장담할 수 있을까?

변호사 아빠와 떠나는 '민주주의와 법' 여행

오늘의 방문 (오후 3시)

민주화운동기념관

서울 용산구 갈월동에는 7층짜리 짙은 회색 건물이 있습니다. 지하철 1호선 남영역에 맞붙어 있는 민주화운동기념관입니다.

겉보기에는 특별해 보일 것이 별로 없습니다. 눈썰미가 좋으면 어떤 창문들은 아주 가늘고 길게 뚫려 있다는 정도는 알아차릴 수 있을 텐데요. 안에서 무슨 일이 벌어지는지 들여다볼 수 없도록 한 것입니다.

'국제해양연구소'라는 간판을 달고 있었던 이 건물은 한때 간첩 사건을 수사하겠다며 만든 대공분실로 쓰였습니다. 눈을 가린 채 잡혀 온 사람은 나선형 철제 계단을 통해 5층까지 끌려갔는데요.

옛 대공분실의 흔적이 남아 있는 가늘고 긴 창문

빙빙 돌며 걸어 올라가는 동안 어디로 얼마만큼 가는지 모른 채 극도의 공포에 사로잡혔다고 합니다. 끝까지 올라가면 범죄를 밝혀내겠다는 평계로 갖은 고문이 기다리고 있었습니다.

5층에는 좁은 복도를 사이에 두고 초록색 문을 한 15개의 조사실이 있습니다. 좁은 내부에는 세면대와 양변기, 작은 욕조가 있고요. 바닥에 고정된 침대와 책상, 의자가 놓여 있습니다.

조사하는 사람이 원하는 답을 말할 때까지 몇 날 며칠이고 가뒀습니다. 마구잡이로 때리고, 잠을 재우지 않고, 밥을 굶겼습니다. 욕조는 씻는 곳이 아니라 물고문을 하기 위한 것이었고요. 지금으로서는 상상하는 일조차 어려울 것입니다.

게다가 잡혀 온 사람들은 간첩이 아니었습니다. 쿠데타로 권력을 잡은 군인들로부터 민주주의를 되찾아야 한다고 목소리를 높였던 사람들이었습니다.

1987년 1월 그곳에서 숨졌던 박종철이 그랬습니다. 서울대학교 학생이었던 박종철은 수배된 선배의 행방을 털어놓으라며 전기고문과 물고문을 당하다 목숨을 잃었습니다. 당시 정권은 그 사실을 숨기려고 "'탁' 하고 치니 '억' 하고 죽었다."라는 거짓 발표를 했습니다.

억울한 죽음이 알려지자 쌓여 왔던 국민의 분노가 폭발했고요. 6월까지 전국 곳곳에서 부당한 권력에 항의하는 시위가 일어났습니다. 가장 큰 요구 사항이 뭐였느냐면요. 국민이 직접 대통령을 뽑을 수 있게 해 달라는 것이었습니다.

권력을 얻고, 유지하는 일이 정치라고 했잖아요. 우리 국민은 정치의 가장 기본조차 가지고 있지 않았거든요. 그게 불과 1987년이었습니다. 지금의 헌법은 그런 아픔을 겪으며 만들어졌습니다. 민주화운동기념관에서는 그 무렵 대한민국이 어떤 길에 놓여 있었는지를 보여 주는 생생한 자료들을 만날 수 있답니다.

도전받고, 흔들리는 민주주의

2023년 세계 민주주의 지수 순위
전 세계 167개국 대상 평가(10점 만점)

8점 이상 완전한 민주주의
6점 초과~8점 이하 결함 있는 민주주의
4점 초과~6점 이하 민주·권위주의 혼합 체제
4점 미만 권위주의 체제

순위	국가	지수
1위	노르웨이	9.81
2위	뉴질랜드	9.61
3위	아이슬란드	9.45
4위	스웨덴	9.39
5위	핀란드	9.30
6위	덴마크	9.28
7위	아일랜드	9.19
8위	스위스	9.14
9위	네덜란드	9.00
10위	대만	8.92
⋮	⋮	
22위	한국	8.09
⋮	⋮	
165위	북한	1.08

〈이코노미스트〉의 부설 경제분석연구소(EIU)가 발표한 2023년 세계 민주주의 지수 순위

영국의 시사 주간지 〈이코노미스트〉는 2006년부터 해마다 세계 167개 나라를 대상으로 세계 민주주의 지수를 측정하고 있습니다. 선거 과정, 정부 운영 실태를 비롯한 다섯 개 항목으로 점수를 매기는데요. 총점에 따라 '완전한 민주주의', '결함 있는 민주주의', '민주·권위주의 혼합 체제', '권위주의 체제'로 나눕니다. 우리나라는 시기에 따라 '완전한 민주주의'와 '결

함 있는 민주주의'를 오가고 있습니다.

　그렇다면 전 세계 민주주의 국가의 비율은 얼마나 될까요? 매년 조금씩 다르지만, 절반을 넘지 못합니다. 측정 대상에서 빠진 작은 국가들까지 포함하면 민주주의 비율은 훨씬 줄어듭니다. 다른 기구가 다른 기준을 적용해도 비슷하게 나옵니다. 국제 연합(UN)이 가맹국을 대상으로 조사한 결과 역시 마찬가지입니다. 인류의 절반 이상은 우리가 누리는 자유와 평등을 맛보지 못하고 있습니다.

　국가들을 대상으로 민주주의 원칙인 다수결을 묻는다면 아이러니하게도 민주주의를 채택하지 못하게 되는 셈입니다. 그것이 민주주의를 공격하는 사람들의 주장이기도 합니다. 다수의 견해를 대변한다고 항상 올바른 것일 수 없고, 오히려 소수의 권리를 침해할 수 있다는 것입니다. 히틀러에게 권력을 맡겨 유대인을 학살하도록 했던 일이 극단적인 사례겠지요. 그렇게까지는 아니더라도 권력을 가진 사람이 부정한 이익을 좇는 일을 막기 어려울 수 있다고 합니다.

　민주주의를 반대하는 또 다른 근거로 효율적인 의사 결정이 어렵다는 점을 들기도 합니다. 정치인들은 맨날 싸우기만 하고 도통 일할 생각이 없어 보인다는 식의 비판을 하는 경우가 있잖아요. 그럴 거면 차라리 국회를 없애 버리자고까지 합니다. 국회 의원이 여럿인 바람에 국민 사이의 갈등을 오히려 부추긴다고 하면서 강력한 힘을 가진 지도자가 있는 편이 낫다고 하지요. 실제로 대한민국 역시 오래도록 그런 권위주의 체제였습니다.

그런 목소리에는 어떤 반론이 가능할까요? 한두 사람에게 권력을 맡긴다면 잘못된 길로 갈 가능성은 더 크겠지요. 조선 시대 왕은 모두 27명이었는데요. 그중 세종대왕 같은 '좋은 왕'은 몇 명이었을까요? 아마 얼마 되지 않을 것입니다.

따라서 설령 시간이 오래 걸리고 효율적이지 못하더라도 다양한 의견을 듣는 편이 낫다고 봅니다. 선택받지 못하더라도 처음부터 개인의 목소리를 들어 주지 않는 것과는 다르니까요. 모든 인간은 평등하고, 자유와 권리를 보장받아야 하니까요. 다수결이란 결과만을 따지는 것이 아니라 대화하고 토론하는 과정 역시 중요하게 여기는 것이니까요.

민주주의는 언제나 도전받고 있고, 여러분이 지켜 내지 않는 한 언제든 흔들릴 수 있습니다. 주인이니까 그저 가만있어서는 안 됩니다. 적극적으로 나서야 하지요. 앞으로 살펴보겠지만 이래저래 귀찮아 보이는 일들도 많이 해야 하고요.

물론 민주주의를 찬성하지 않는 것도 자유입니다. 하지만 민주주의를 한번 포기하면 다시 찾기 어려울 수 있다는 사실은 분명하지 않을까요?

생각거리 1 정치 영역에서 정해지는 일 중 청소년인 여러분에게 직접 영향을 끼치는 것들을 생각해 봅시다.

_____

_____

_____

_____

_____

_____

생각거리 2 여러분이 좋아하는 게임이나 애니메이션 속 등장인물이 민주주의 사회에서 산다면 어떻게 달라질까요?

_____

_____

_____

_____

_____

_____

우리 손으로
나라를 만든다면?
-헌법과 기본권

민주와의 여행 둘째 날이에요. 오늘은 서울 종로구에 있는 헌법 재판소를 찾아
가기로 했는데요. 이곳은 볼거리 많은 한옥 마을 근처에 자리 잡고 있답니다. 민
주는 평소 헌법에 나오는 말들이 너무 막연해서 어렵다고 했는데요. 그런 민주를
위해 쉬엄쉬엄 걸으면서 차분하게 이야기를 나누려 합니다. 헌법 재판소에서 운
영하는 견학 코스에 참가한 다음 탁 트인 전망대에 올라 대한민국의 어제와 오
늘, 내일까지 바라보려고요.

중고등학교 교과서 연계 단원

중학교 사회

11 일상생활과 법
법의 의미와 목적

고등학교 정치와 법

1 민주주의와 헌법
민주주의와 법치주의

헌법의 의의와 기본 원리

기본권의 보장과 제한

2 민주 국가와 정부
권력 분립과 국가 기관

「단군 신화」속 헌법을 찾아서

민주 아빠, 오늘은 헌법 이야기를 한다고 해서 어제 좀 찾아봤어요. 헌법은 국가의 기본법이고 최고법이잖아요. 법을 만들 때도 헌법에 어긋나지 않도록 해야 하고요. 어떤 부분 때문에 그런지, 헌법과 다른 법과의 차이는 뭔지 궁금해요.

아빠 좀 쉬운 이야기로 시작해 볼게. 혹시 민주는 나라를 만드는 게임을 해 본 적 있니? 도시 하나에서 시작해서 조금씩 주변을 탐험하며 영토를 늘려 가는 게임 말이야.

어느 정도 영토를 넓혔나 싶으면 다른 플레이어가 지배하는 지역과 맞닥뜨려 국경이 정해지지. 각자 취향에 따라 나라의 성격을 다르게 정할 수 있어. 무역을 중요하게 여겨서 경제를 발달시키기도 하고, 다른 나라와 싸워서 영토를 넓히는 걸 목적으로 삼기도 하지.

그런 게임을 안 해 봤다면 「단군 신화」를 떠올려 볼까? 하느님의 아들 환웅이 나라를 만들기 위해 지상을 두루 살펴 정한 지역이 태백산 주변이었지. 환웅은 그곳을 '신시'라 이름 짓고 다스리기 시작했어. 바람, 비, 구름을 다스리는 풍백, 우사, 운사에게 농사와 질병 관리, 형벌을 맡겼지. 그의 아들인 단군이 고조선을 세운 건 민주도 잘 아는 이야기일 거야.

나라를 만드는 게임이나 「단군 신화」가 헌법이랑 무슨 상관이냐고? 이런 과정들을 정리한 게 바로 헌법이거든. 이 나라는 어디에 세우고, 나라를 다스리는 일은 누가 어떻게 맡는지 등등 말이야. 국가의 성격과 목표를 정하는 것도 필요해. 단군과 함께했던 우리 조상들이 "널리 인간을 이롭게 하라."라고 홍익인간의 이념을 세운 것처럼 말이야.

이처럼 헌법은 국가를 세우는 창설 기능, 조직을 만들어 권력을 나누는 조직 수권 기능, 국민의 기본권을 보장하기 위해 누군가 권력을 독차지해 함부로 휘두르지 못하게 하는 권력 제한 기능, 처음부터 중요한 사항들을 헌법으로 못 박아 놓고 국민 사이의 갈등을 풀 때 기준으로 삼는 국민적 합의 기능, 나라의 중요한 일들을 결

정하는 정치 생활 주도 기능을 가지고 있어.

좀 더 자세히 살펴볼까? 헌법 전문에 따르면 우리 대한 국민은 3·1 운동으로 대한민국 임시 정부를 건립했고 이를 계승했어. 제3조에 따르면 대한민국의 영토는 한반도와 그 부속 도서로 하고 있고. 제40조에 따르면 입법권은 국회에 속하고, 제66조 제4항에 따르면 행정권은 대통령을 수반으로 하는 정부에 속해. 제101조 제1항에 따르면 사법권은 법관으로 구성된 법원에 속하고.

우리나라는 광복 이후 1948년 7월 17일에 헌법을 다시 만들었단다. 그 헌법에 따라 대통령을 뽑았고, 같은 해 8월 15일 정부를 수립했지. 오늘에 이르도록 헌법이 밝히고 있는 내용을 실현하기 위해 애쓰고 있고.

헌법은 지금까지 아홉 번 바뀌었어. 그 과정을 보면 우리가 오늘날의 평화로운 일상을 누리는 게 쉽게 이루어진 게 아니란 걸 알 수 있지.

초대 대통령은 부정 선거를 저질러서 해외로 쫓겨났고, 그 뒤에는 군인들이 두 번이나 쿠데타를 일으켜 정권을 잡았어. 그중 첫 번째 인물은 장기 집권을 노리다 부하의 총에 맞아 숨졌고, 두 번째 인물 역시 헌법까지 바꾸면서 권력을 유지하려다 국민의 저항에 밀려났어.

1987년 지금의 헌법이 만들어진 후에도 무려 네 명의 대통령이 권력을 함부로 휘두르다 감옥에 갔어. 최근에도 한 명이 더 그랬고. 우리나라를 위협하는 일들이 벌어질 때마다 국민이 헌법의 이념을 지키기 위해 싸운 거지. 지금도 그 이상을 실현하기 위해 애쓰고 있는 거고. 그런 현실을 반영하느라 헌법을 아홉 차례에 걸쳐 가다듬고 바꾼 거란다.

어때? 자세히 들어 보니 헌법이 최고법일 수밖에 없겠지? 아직 완성되었다고 할 수는 없지만, 우리는 이미 헌법이 만들어진 나라에 살다 보니 쉽게 느끼기 어려울 뿐이야.

헌법의
여섯 가지 기둥

민주 와, 아빠가 너무 열성적으로 말씀하셔서 숨도 못 쉬고 들었어요. 우리나라 헌법이 만들어지고 변해 가는 과정이 정말 역동적이네요. 한마디로 대한민국을 이러저러한 나라로 만들기 위해서 헌법에서 방향을 세웠다는 말씀이지요?

그런데 헌법에 나오는 말들이 자유나 평화처럼 좀 모호하게 느껴져요. 기억하기도 쉽지 않고요. 법은 국민이 피부로 느낄 만큼 분명하게 만들어야 하는 거 아니에요?

아빠 어제 헌법에 대해서 찾아봤다더니 예리한 질문이네. 민주 말이 맞아. 헌법뿐만 아니라 법률에 쓰이는 용어는 추상적이고 포괄적인 경우가 많아. 사회에서 일어나는 다양한 사실을 한두 마디 말에 담아야 하기 때문이지.

예를 들어 '폭행'이라고 하면 다른 사람의 몸을 향해 주먹질이나 발길질처럼 살못된 힘을 쓰는 온갖 형태를 포함해. 게다가 헌법은 주로 대한민국이 이루어 나가야 할 목표를 제시하고 있기 때문에 더욱 그렇게 느껴질 수 있단다.

헌법 전문을 보면 "우리들과 우리들의 자손의 안전과 자유와 행복을 영원히 확보할 것을 다짐"한다고 나오잖아. 안전이라는 목표를 달성하기 위해서는 국방을 튼튼히 하는 일부터 교통질서를 지키는 일까지 수많은 수단이 필요하겠지. 그런 것들은 별도의 법률로 만드는 거야. 조금 더 민주에게 와닿는 비교를 찾아볼까?

민주가 다음 학기에 영어 성적을 올리겠다고 마음먹었다고 해보자. 그러면 매일 영어 공부할 시간을 정하고, 문법, 어휘, 독해에 대해서 구체적인 계획을 세우겠지? 이처럼 헌법의 기본 원리를 이루기 위해서 국회에서 법을 만들고, 그에 따라서 정부가 실천하는 거야.

헌법의 기본 원리가 민주 생각처럼 그저 막연한 것만은 아니야. 우선 나라의 주인은 국민이니까 국민 주권주의가 먼저고, 그런 국민이 자유롭게 민주주의에 따라 나라를 운영해야겠지? 자유만 강조하다 어려움을 겪는 국민이 생기지 않도록 복지가 필요하고, 그

복지는 일정한 문화 수준까지 보장해야 하지.

여기까지가 대내적인 기본 원리고, 대외적으로는 우리에게 주어진 커다란 과제가 있어. 바로 남북 평화 통일을 이루는 거란다. 이는 더 넓게는 국제 평화로 이어질 테고.

이제 각각의 기본 원리에 대해 살펴보자. 모두 헌법의 앞부분인 전문에서부터 밝히고 있고, 여섯 가지로 나뉜단다. 휘리릭 읽어서는 그저 좋은 말로만 느껴질 뿐 함축하고 있는 의미를 파악하기 어려워. 그러니까 하나하나 자세히 들여다볼까?

••• 대한민국 헌법 전문(前文)

유구한 역사와 전통에 빛나는 우리 대한 국민은 3·1 운동으로 건립된 대한민국 임시 정부의 법통과 불의에 항거한 4·19 민주 이념을 계승하고, 조국의 민주 개혁과 평화적 통일의 사명에 입각하여 정의·인도와 동포애로써 민족의 단결을 공고히 하고, 모든 사회적 폐습과 불의를 타파하며, 자율과 조화를 바탕으로 자유 민주적 기본 질서를 더욱 확고히 하여 정치·경제·사회·문화의 모든 영역에 있어서 각인의 기회를 균등히 하고, 능력을 최고도로 발휘하게 하며, 자유와 권리에 따르는 책임과 의무를 완수하게 하여, 안으로는 국민 생활의 균등한 향상을 기하고 밖으로는 항구적인 세계 평화와 인류 공영에 이바지함으로써 우리들과 우리들의 자손의 안전과 자유와 행복을 영원히 확보할 것을 다짐하면서 1948년 7월 12일에 제정되고 8차에 걸쳐 개정된 헌법을 이제 국회의 의결을 거쳐 국민 투표에 의하여 개정한다.

변호사 아빠와 떠나는 '민주주의와 법' 여행

🖋 국민 주권주의

국민 주권주의가 헌법의 첫 번째 기본 원리란다. 프랑스의 루이 14세는 "짐이 곧 국가다."라고 했다는데, 그 시대 왕이 어떤 존재였는지 쉽게 와닿는 일화지. 이걸 바꾸어 오늘의 대한민국은 "국민이 곧 국가다."라고 할 수 있어.

전문 맨 마지막을 보면 "국민 투표에 의하여 개정한다."라고 했는데, 국가를 만드는 일인 헌법을 국민이 결정한다는 거야. 제1조 제2항은 "대한민국의 주권은 국민에게 있고, 모든 권력은 국민으로부터 나온다."라고 밝히고 있어. 이는 국가 의사를 최종적으로 결정할 수 있는 최고 권력인 주권을 국민이 가진다는 원리지.

🖋 자유 민주주의

일반적으로 '국민'이라고 하지만 사실상 많은 사람이 있고, 이들이 어떤 방법으로 주권을 행사할지에 관한 원리야. 전문에는 "불의에 항거한 4·19 민주 이념을 계승하고", "자유 민주적 기본 질서를 더욱 확고히" 한다고 나오지.

4·19 혁명은 선거를 왜곡해 독재를 시도했던 권력을 몰아낸 민주 항쟁이야. 제4조에도 "자유 민주적 기본 질서"라고 나오는데, 앞에 자

1960년 4·19 혁명 당시 시위대의 모습

유를 덧붙인 이유가 있어. 왕정 시대처럼 권력이 국민의 일상에 이래라저래라 간섭할 수 없다는 뜻이야. 다시 말해 개인이 자유롭게 선거 같은 민주적 절차에 의해 의사를 표시하고, 그 뜻을 모아 국가를 운영한다는 원리지.

🖋 복지 국가의 원리

국민을 주권을 가진 자유로운 존재라고 강조한 이유는 전제 군주 시대가 끝나고 근대 국가가 만들어졌기 때문이야. 예전에는 '군사부일체(君師父一體)'라면서 왕의 뜻을 부모님 말씀처럼 받들라고 했어. 그런 식의 간섭을 거부하고 자유를 강조한 거지.

19세가 되면 법적으로 부모로부터 독립한 어른이 되지? 하지만 어른이 되자마자 독립하기는 어렵고, 대학에 가든 직장을 얻든 여전히 부모에게 의존하는 경우가 많아. 마찬가지로 자유만 강조하던 근대 국가와 달리 현대 국가는 국민의 복지에 책임을 져야 해. 설령 자유를 다소 제한해도 말이야.

전문에 "국민 생활의 균등한 향상을 기하고"라고 밝힌 것, 제34조 제1항에 "모든 국민은 인간다운 생활을 할 권리를 가진다."라고 밝힌 것에서 알 수 있어. 또한 제119조 제2항에 "경제에 관한 규제와 조정을 할 수 있다."라고 근거도 마련해 놓았지.

🖊 문화 국가의 원리

'인간다운 생활'을 하려면 단순히 배를 불리는 것만으로는 부족해. 학문과 예술, 종교로 국민의 삶을 다채롭게 할 수 있어야 하지. 그래서 전문에 "문화의 모든 영역에 있어서 각인의 기회를 균등히 하고, 능력을 최고도로 발휘하게" 한다고 밝힌 거야. 제9조에서는 "국가는 전통문화의 계승·발전과 민족 문화의 창달에 노력하여야 한다."라고 책임을 지우고 있고.

🖊 평화 통일 지향

전문에 "평화적 통일의 사명에 입각하여…… 민족의 단결을 공고히"라고 나오지? 그런데 앞서 제3조에서 "대한민국의 영토는 한반도와 그 부속 도서로 한다."라고 소개했잖아. 뭔가 이상하지 않니?

북쪽에 떡하니 북한이 자리 잡고 있는데, 한반도 전체를 영토라고 했잖아. 이를 위해서는 통일이 필요하겠지. 다시 말해 제4조에 따라 "자유 민주적 기본 질서에 입각한 평화적 통일 정책을 수립하고 이를 추진"하도록 한 거야. 국민의 뜻을 모아, 무력에 의한 침공이 아닌 대화와 타협에 의한 방법을 찾아서 말이야.

🖊 국제 평화주의

주권을 가진 대한 국민이, 자유 민주주의 원리를 지키며, 복지와 문화를 꽃피우고, 갈라진 민족을 하나로 잇는 평화 통일을 이룬다면 어떨까? 그 자체로 이미 "세계 평화와 인류 공영에 이바지"하겠다는 전문을 완성하는 일이겠지? 제5조 제1항에서 "국제 평화의 유지에 노력하고 침략적 전쟁을 부인한다."라고도 했고.

헌법의 여섯 가지 기본 원리는 그렇게 모두 맥락이 이어져 있어. 또한 헌법에 그려 놓은 대한민국은 '완성형'이라기보다 '현재 진행형'이라고 해야겠지.

한 사람,
한 사람 모두 소중해

민주 그런 나라를 만들기 위해서 저도 노력해야겠어요. 그런데 아빠, 한편으로는 왠지 국민으로서의 책임감과 의무감만 있는 것 같아요. 국가 안에서 국민이 누릴 수 있는 것도 많으면 좋겠는데 말이에요. 대한민국에서 태어난 사람에게는 헌법상 어떤 권리가 있는지 궁금해요.

아빠 인류는 자신의 권리에 대해 눈을 뜨면서 오랜 정치적 어둠에서 벗어나 민주주의를 찾았어. 자유와 평등은 모든 인간이 그저 인간이라는 이유 하나만으로도 누려야 하는 거야. 하늘로부터 내려온 것이라고 해서 '천부 인권'이라고 한단다. 왕이나 다른 권력자가 특별히 베푸는 게 결코 아니라는 거지.

'국민의 권리와 의무'를 알려 주고 있는 헌법 제2장 첫 번째 조
문이 제10조인데, "모든 국민은 인간으로서의 존엄과 가치를 가지
며, 행복을 추구할 권리를 가진다. 국가는 개인이 가지는 불가침의
기본적 인권을 확인하고 이를 보장할 의무를 진다."라고 밝히고 있
어. 이번에도 이 뜻을 자세히 알려면 단어 하나하나를 찬찬히 뜯어
봐야 해.

우선 '모든 국민'이기에 남녀노소 어떠한 구별도 하지 않아. 또
한 '인간으로서의 존엄과 가치'를 가진다고 했는데, 이것은 대한민
국 국민이기 이전에 인간이 먼저라는 뜻이야. 그렇기에 국가는 기
본적 인권을 '확인'하고 '보장'하라고 의무를 부여한 거지. '확인'은
원래 있었던 사실을 인정하는 거지, 국가에 의해 비로소 생기는 게
아니야. 오히려 국가가 함부로 할 수 없는 '불가침'의 영역이지.

이처럼 인권 중 헌법 조항으로 정리해 놓은 게 기본권이야. 참정
권, 사회권 같은 기본권은 국가가 있어야 존재하는 거라 인권과 똑
같지는 않아. '천부 인권'인 성격도 있고, 법으로 주어지는 권리로
서의 성격도 있지.

헌법은 제10조 이후 제36조까지 다양한 기본권을 나열하고 있
는데, 마지막에 다시 한번 인권의 중요성을 강조해. 제37조 제1항

에서 "국민의 자유와 권리는 헌법에 열거되지 아니한 이유로 경시되지 아니한다."라고 말이지. 혹시 적혀 있지 않은 권리라 하더라도 여전히 국민에게 보장해 줘야 한다는 거야. 민주와 아빠를 비롯해서 우리 한 사람, 한 사람은 그만큼 소중하단다.

그러면 헌법 조문의 순서를 따라서 기본권의 내용을 하나씩 짚어 볼까?

🖋 인간의 존엄과 가치, 행복 추구권

'국민의 권리와 의무'를 다룬 제2장의 첫 번째 조문 제10조로 돌아가 보자. "모든 국민은 인간으로서의 존엄과 가치를 가지며,

행복을 추구"라고 하지? 법률 문장에 '행복'이라는 말이 나오는 게 놀랍지 않니?

어쩌면 이 한마디에 대한민국의 모든 법률과 제도가 담겨 있을지도 몰라. 국가를 만들고, 정부를 운영하고, 학문과 기술을 발전시키고, 예술을 누리도록 하는 이유가 무엇일까? 많은 사람이 함께 행복하게 살기 위해서 아닐까?

모든 국민은 행복할 권리가 있어. 인간이라는 이유만으로 존엄하고 가치 있는 존재니까. 물론 행복하기 위해 무엇이 필요한지는 정할 수 없어. 돈이 많으면 행복하다고 하지만 돈 그 자체가 행복은 아니니까. 물질적인 것도, 정신적인 것도 있어야 하겠지.

국가는 이렇게 다양한 욕구가 충돌하지 않으면서 실현될 수 있도록 돕는 역할을 한단다. 행복 추구권에 이어서 개별적인 기본권들이 나오는 것도 그래서야. 목적을 달성하기 위한 수단이라고 볼 수 있는 거지.

🖋 평등권

제11조 제1항에 따르면 모든 국민은 평등하고, 모든 영역에 있어서 차별받지 않아야 해. 아까 인류가 혁명을 통해 군주제를 폐지하면서 '천부 인권'을 외쳤다고 했지? 그때 곧장 자유와 평등이 떠올랐을 텐데, 그 이유는 가장 본질적인 기본권이기 때문이야.

평등권은 어릴 적 읽은 동화나 TV에서 본 사극을 떠올리면 쉽게 이해될 거야. "왕자와 공주는 행복하게 오래오래 살았습니다."
라고 끝나는 이야기들 있잖아. 하지만 우리는 확률상 왕자나 공주
보다는 평민으로 태어날 가능성이 훨씬 크지. 따라서 이런 차별을
없앤 다음에야 다른 기본권들도 의미가 있어.

평등권은 종종 오해를 받기도 해. 예를 들어 좋은 대학에 가려면
수능에서 좋은 점수를 받아야 하지? 얼핏 평등해 보이지만 형식적
평등에 그칠 수 있기 때문에 그것만으로는 부족해.

만약 경제적 여유가 있는 가정의 학생들만 좋은 교육을 받는다
면 같은 시험을 치른다고 평등할까? 조부모와 부모에 이어 자녀까
지 그런 일이 반복된다면 결국 사회적으로 계급이 나뉘고 말 거야.
따라서 격차를 줄일 수 있도록 교육의 기회를 균등하게 제공해야
하지. 이게 실질적 평등이고, 국가의 역할이 필요해.

만약 기회가 주어졌는데도 스스로 걷어찬다면? 그건 어쩔 수 없
어. 합리적인 차별은 인정하는 게 헌법 정신이거든.

🖋 자유권

평등권과 함께 가장 오래되고 본질적인 기본권이야. 사람들은
왕이나 귀족의 지배에서 벗어나면서 이렇게 외쳤지. 사람은 누구
나 평등하니까 다른 사람의 일에 간섭하고 침해할 수 없다고.

이는 국가에 뭔가를 해 달라는 게 아니야. 알아서 할 테니 내버
려두라는 거지. 그런 점에서 기본권을 주장하는 일은 국민이 자기

삶에서 어른이라고 선언하는 것과 같아.

자유권은 제12조 제1항인 '신체의 자유'로 시작해. 그런데 뒤를 이은 조문들은 체포, 구속, 압수, 수색에 관한 거란다. 다시 말해 자유를 빼앗는 일인데, 범죄자 처벌을 위해 법률에 의한 엄격한 절차를 따르도록 한 거지.

이는 국민의 자유를 제한하기 위해서가 아니라 미리 정해 놓지 않는 한 국가가 마음대로 하지 못한다는 점을 강조한 거야. 소급 입법 금지에 따라 없던 법을 갑자기 만들어 뜻밖의 불이익을 줄 수도 없어. 예를 들어 지각하면 내신 점수를 깎겠다고, 게다가 이미 지난 학기에 있었던 일을 반영하겠다고 하면 안 되겠지.

신체 다음으로 정신이 나오는데, 사실 양심, 종교, 사상은 머릿속에만 있는 한 어차피 남이 알 수 없어. 원하지 않는 상황에서 밖으로 드러내라고 강요받지 않는 게 중요하지.

거꾸로 무언가를 원한다면 언론·출판·집회·결사를 통해 자신의 의견을 자유롭게 밝힐 수 있어야 해. 대화와 타협을 통해 민주주의를 실천하려면 무엇보다 서로의 목소리를 잘 들을 수 있어야 하니까.

몸과 마음이 자유롭다 하더라도 뒷받침할 경제력이 없으면 할 수 있는 일이 별로 없겠지? 누구나 일한 만큼 대가를 받고, 쓰고

변호사 아빠와 떠나는 '민주주의와 법' 여행

싶은 일에 쓸 수 있어야 하니까.

이게 사람들이 군주제를 폐지하는 혁명에 나서도록 만든 직접적인 이유였어. 태어날 때 정해진 신분에 따르는 것이 아니라 자유롭게 직업을 선택하고, 온전히 재산권을 행사할 수 있게 되면서 오늘의 커다란 발전을 이룬 거지. 왕이나 귀족이 죄다 가져갔던 과거에는 아무리 일해도 희망을 찾기 어려웠고, 그만큼 변화는 더디기만 했으니까.

🖋 참정권

국민 주권주의를 기본 원리로 삼은 만큼 누구나 국가를 운영하는 일에 참여할 수 있어야 해. 방법으로는 크게 두 가지가 있단다.

첫 번째는 선거를 통해 선출직 공무원인 대통령, 국회 의원, 지방 자치 단체장, 지방 자치 의원 등으로 뽑히는 거야. 두 번째는 시험을 치른다거나 일정한 자격을 갖춰 임명직 공무원이 되어서 입법, 행정, 사법 영역에서 일하는 거지. 이를 통틀어 공무 담임권이라고 해.

이러한 방법처럼 직접 하지는 않더라도 선거권을 통해 누군가에게 일을 맡기기 위해 투표하거나, 국민 투표권을 통해 국가의 중요한 결정에 의견을 밝힐 수도 있어.

🖋 청구권

이렇게 중요한 권리들을 보장하고 있지만, 일상생활에서 헌법을 떠올리는 일은 많지 않을 거야. 앞서 말했듯이 헌법의 내용은 목적인 경우가 많기 때문인데, 만약 목적에 맞지 않는 일을 겪는다면 어떨까?

이를테면 자유를 보장해야 할 국가가 신체나 재산에 관한 권리를 침해한다면? 이럴 경우에는 국가 배상, 형사 보상 청구처럼 억울함을 호소하며 구제받을 수 있는 각종 제도가 마련되어 있어.

이런 수단들 역시 헌법에 근거를 두고 있단다. 국가가 어려움을 겪는 국민을 위에서 아래로 굽어 내려다보듯 돕는 게 아닌 거지. 국민이 적극적으로 해결을 요구할 수 있는 것 또한 권리야. 기본권을 보장하기 위한 기본권인 셈이지. 이럴 때 헌법을 직접 적용하는 게 아니라, 헌법의 뜻에 따라 만들어진 법률로 운영하기 때문에 알아차리기 쉽지 않을 뿐이야.

🖋 사회권

민주 또래 중에 학교 가기 좋아하는 학생이 얼마나 있을까? 민주나 민주 친구들은 교육받는 것을 권리라고 받아들이기가 쉽지 않겠지?

어른들 역시 일하러 가기 싫을 때가 많아. 일하는 것도 권리라고 하지 말고, 마냥 맛있게 먹고 놀기만 한다면 얼마나 좋을까? 대신

변호사 아빠와 떠나는 '민주주의와 법' 여행

그러려면 모든 사람이 적어도 비슷한 수준에서 놀아야 할 거야. 누구는 일하지 않아도 풍요로운데, 누구는 일할 수 없어 배고프다면 모든 사람이 신이 날 수는 없으니까.

국민은 군주제를 폐지하며 자유를 얻었지만, 자본주의 발달과 동시에 자유만을 강조하다 보니 새로운 불평등이 만들어졌어. 자원을 독차지하거나 기업을 키워 우월한 지위에 오른 사람들이 생겼거든. 아무리 노력해도 극복할 수 없을 만큼 차이가 벌어진 게 가장 큰 문제야. 예전 같은 계급 사회로 돌아가는 것과 마찬가지니까.

그래서 사람들은 최소한의 인간다운 생활을 보장받고, 어떤 삶을 살지 선택할 기회를 얻어야 한다는 생각에 이르렀어. 모든 국민이 쾌적한 환경에서 건강하고 윤택한 삶을 살아야 한다는 거지.

이게 현대 복지 국가의 출발점이야. 평등권을 이야기할 때 말한 실질적 평등과 이어지는데, 원하는 교육을 받을 수 있고, 일한 만큼 정당한 대가를 받는 사회를 만들자는 거지. 그렇게 교육을 받을 권리, 근로할 권리, 근로 삼권을 적극적으로 요구할 수 있다는 걸 헌법으로 정했어. 그 수준은 대한민국이라는 나라가 얼마나 성장하느냐에 따라 달라지겠지.

오늘의 대화 (오후 2시)

균형을 잃지 않는
저울처럼

민주 음. 자유권, 평등권 등등 다 좋은데요. 현실도 그렇다고 할 수 있을까요?

어저께 아빠가 법 이야기를 하면서 신호등을 예로 들어 주셨잖아요. 기준을 세워야 대립과 갈등을 해결할 수 있다고요. 그래도 마음대로 다닐 수 없다는 사실이 달라지는 건 아니잖아요?

아빠 민주에게 미국 대법원 판사였던 올리버 웬들 홈스의 말을 들려주고 싶어. "내가 주먹을 휘두를 권리는 상대의 코앞에서 끝난다."

이 말은 자유의 한계를 간단하고 명확하게 정리했어. 다른 사람이 코피를 흘리도록 해 놓고 자기 자유라는 주장을 할 수는 없지.

대한민국에서는 형법 제260조 제1항에서 다른 사람의 신체에 폭행하면 2년 이하의 징역에 처한다고 정해 놓았어. 힘이 센 사람이더라도 마음대로 다른 사람을 괴롭히지 못하도록 제한한 거지.

자유의 한계에 관해 이야기한
올리버 웬들 홈스

모두의 기본권을 보장하려면 각자의 기본권을 조금씩 양보해야 해.

다만 헌법에서는 국회에서 만든 법률로만 국민의 기본권을 제한할 수 있다고 밝히고 있어. 국민을 대표해서 만드는 거니까 국민끼리의 약속과 다름없지. 행정부와 사법부에서는 만들어진 법을 집행하고, 임의로 권력을 휘두를 수는 없어.

헌법에서는 기본권 제한 요건을 정해 놓았어. 제37조 제2항 전단에 따라 "국가 안전 보장·질서 유지 또는 공공복리를 위하여 필요한 경우에 한하여"라고 세 가지로 못 박았지. 국회라고 하더라도, 법률이라는 형식을 갖추고 있더라도 제멋대로 기본권을 제한하면 안 돼. 특히 제37조 제2항 후단에 따라 "자유와 권리의 본질적인 내용을 침해할" 수는 없어. 어쩔 수 없이 제한하더라도 한계를 지키라는 거고, 선을 넘어 기본권을 침해하면 헌법 위반이 되고 말지.

그러면 어디부터가 침해일까? 어제 말했었던 '정의의 여신'은 한 손에는 칼을, 한 손에는 저울을 들고 있어. 흔히 누군가 지은 죄만큼 벌을 내리기 위해서라고 해석하지. 형법에서 폭행죄를 2년 이하의 징역형으로 다스리는 것처럼 말이야. 폭행죄를 사형으로 응수하면 너무 가혹하겠지? 그런 식으로 법을 만들면 침해가 되는 거란다.

저울질은 형벌에만 쓰이지 않아. 법을 만들거나 집행하는 경우에도 통하는 원칙이지. 목적에 맞는 수단과 정도인지 비교하는 거야. 기본권 제한과 관련된 걸 '과잉 금지의 원칙'이라고 부른단다. 목적이 정당한지, 수단이 적합한지, 피해는 최소로 할 수 있는지, 공익과 사익 사이 균형을 이루었는지 4단계로 나누어 검토하지. 이를 모두 통과하지 못하면 침해가 돼.

학교 앞 어린이 보호 구역을 예로 살펴볼까? 여기서는 다른 도로보다 훨씬 천천히 달려야 해. 이건 운전자의 자유를 제한한 걸까? 아니면 침해한 걸까? 4단계를 하나씩 살펴보자.

어린이의 생명과 신체를 보호하려는 목적은 정당해. 사고 위험이 줄어드니까 속도를 줄이는 수단도 적합하지. 운전자가 입는 피해가 최소한인지는 논란이 많았어. 다만 불편함보다는 어린이 보호라는 공익이 훨씬 크겠지.

사실 교통사고를 예방하는 간단한 방법이 있어. 자동차 운행을 금지하는 거야. 하지만 그러면 수단에서부터 적합하지 않다고 볼 가능성이 크지.

따라서 어린이 보호 구역에서 속도를 어느 정도로 할 건지 국회에서 검토해서 지금처럼 정한 거란다. 공공복리를 위해 기본권을 제한하면서도 균형을 잃지 않도록 저울질한 거지. 가능한 한 많은 사람을 위한 타협점을 찾는 거고.

오늘의 방문 (오후 3시)

헌법 재판소

헌법이 밝히고 있는 기본 원리, 기본권이 대한민국을 만드는 가장 중요한 원칙이라는 사실을 분명하게 알려 주는 제도가 있습니다. 바로 헌법 재판인데요. 이와 관련된 헌법 재판소는 한옥 마을로 잘 알려진 서울 종로구 재동 북촌 입구에 있습니다.

제109조에 따라 재판을 공개하는 것 역시 헌법의 원칙인데요. 국민이 나라의 주인인 만큼 옳고 그름을 판단하는 재판 과정을 누구나 볼 수 있도록 한 것입니다.

헌법 재판소 역시 국민에게 열려 있는데요. 본관에는 아홉 명의 헌법 재판관이 모두 참여하는 대심판정, 세 명이 진행하는 소심판정이 있습니다. 재판이 없는 날이면 대심판정에서 법복을 입어 볼

헌법 재판소 본관 건물의 정면 모습

수 있는 견학 코스도 운영하고 있답니다.

　헌법 재판소는 입법부, 사법부, 행정부와 별개의 독립 기관입니다. 국회에서 법을 만들고, 정부 기관이 법에 따라 집행하는 과정에서 혹시 헌법에 어긋나지 않는지 다툼이 벌어질 때가 있거든요. 그럴 때 무엇이 헌법에 맞는지 최종적으로 판단하는 곳입니다. 구체적으로 위헌 법률 심판, 헌법 소원 심판, 탄핵 심판, 정당 해산 심판, 권한 쟁의 심판을 담당합니다.

　그중 가장 중요한 역할은 법률이 헌법을 위반했는지 판단하는 것인데요. 이를테면 '민식이법'은 어린이 보호 구역에서 일어난 교통사고에 대해 더 엄하게 처벌하도록 하고 있거든요. 일반 법원에서는 운전자가 부주의로 어린이를 다치게 했을 때 그 법을 적용해 재판합니다. 그런데 어느 운전자가 그렇게 엄격하게 처벌하는 일은 헌법에 어긋난다고 주장하면 헌법 재판소가 답을 하는 것입니다.

위헌이라고 결정하면 그때부터 그 법은 효력을 잃습니다('민식이법'은 합헌으로 결정했습니다). 국회는 헌법 재판소의 취지를 반영해 새롭게 법을 만들어야 합니다. 헌법이 최고법이라는 사실을 확실히 알려 주는 셈인데요. 법은 모든 국민에게 적용되는 만큼 헌법 재판소의 결정은 우리의 생활에 큰 영향을 끼칩니다.

헌법 재판소는 별관에 전시관을 운영하고 있는데요. 이곳에서는 다섯 가지 헌법 재판에 관해 더 자세히 알 수 있습니다.

그동안 대한민국의 헌법이 어떻게 바뀌어 왔는지, 국민의 삶을 바꾼 중요한 결정들은 무엇이 있는지, 다른 나라의 헌법들은 어떤지와 관련한 각종 자료를 만날 수 있고요. 직접 재판관이 되어 사건에 관한 판단을 해 보고, 가상의 헌법을 만들어 보는 체험도 할 수 있답니다. 그것으로도 부족하면 도서관에서 더 깊이 있는 시간을 보낼 수 있고요.

헌법 재판소는 실외도 둘러보기 좋은 곳입니다. 우리나라 최초의 서양식 병원인 제중원이 있던 곳이고, 천연기념물 제8호인 백송도 있습니다.

주변에 높은 건물이 없어서 전망대 경치도 뛰어나니 꼭 둘러보세요. 인왕산, 북악산, 북한산 자락 아래 경복궁과 청와대, 북촌 한옥 마을이 환하게 펼쳐집니다. 대한민국의 오늘과 내일을 기대하며 넓은 경관을 바라보세요.

이번 생은 망했다고?

세상에서 부딪히는 이런저런 어려움에 지치는 사람이 많은 모양입니다. 오죽하면 "이번 생은 망했다."라고 할까 싶습니다.

지금도 어려울뿐더러 앞으로 희망도 없다니. 그저 우스갯소리로 넘기기에는 심각한 선언인데요. 본격적으로 사회에 발을 딛기 전인 청소년들조차 그런 말을 한다면 분명히 뭔가 잘못되어 있다는 신호입니다.

청소년들은 아무래도 공부 스트레스가 가장 클 것입니다. 어려서부터 "열심히 공부해서 훌륭한 사람이 되어라."라는 식의 말을 듣는데요. 좋은 성적으로 좋은 대학에 들어가서 전문직에 종사하거나 대기업에 취직하라는 것이지요. 그렇지 못하면 무능력한 사람, 심지어 훌륭하지 못한 사람이 되는 셈입니다.

예체능에 재능이라도 있으면 다행인데요. 대다수는 공부든 예체능이든 월등하기가 쉽지 않습니다. 100명, 1,000명 중 한두 사람만 행복할 수 있는 셈이지요.

이것이 옳은 일일까요? 성적이 좋으면 모든 면에서 훌륭한 사람일까요?

헌법에서 말하는 평등은 합리적 차별을 인정하는 실질적 평등이라고 했습니다. 능력에 따라 경제적·사회적으로 월등한 대우를 받는 것이 합리적일까요? 물론 모두가 똑같을 수야 없겠지요. 시험 결과에 따라 줄을 세우는 것 이외에 다른 방법이 없어 보이기도 합니다.

대신 그러려면 공정하게 경쟁할 기회부터 주어져야겠지요. 안락하고 쾌적한 환경에서 유명 강사의 수업을 듣는 학생과, 그렇지 못한 학생은 누릴 수 있는 자유가 다릅니다. 그들이 거둔 성적을 결과만 두고 비교한다면 실질적 평등이 아니지요. 출발선의 차이가 너무 커 "이번 생은 틀렸다."라는 한탄이 나오는 일은 없어야 합니다.

TV 드라마에는 '재벌 3세'가 능력 있는 사람의 상징처럼 등장하곤 하는데요. 많은 재산과 권력이 사실 그 사람의 능력은 아니잖아요.

경쟁에 뛰어들어야 하는 학생들 역시 힘들기는 마찬가지입니다. 걸음마를 떼기도 전부터 각종 학습을 시작하고요. 한글도 깨우치기 전에 알파벳을 외우고 있습니다. 그래서인지 놀이터에서 아이들을 찾기 어려워졌다고들 합니다.

치열한 달리기에서 뒤처지면 능력이 없을뿐더러 자칫 노력조차 하지 않는 사람으로 여겨질 수 있습니다. 늘 긴장 속에서 살아야 할 테고요. 소수의 승자를 뺀 더 많은 사람에게 행복을 추구할 권리는 뜬구름처럼 느껴지겠지요. 이런 문제는 도대체 어떻게 해결하면 좋을까요?

헌법이 목표로 하는 대한민국은 아직 만들어지지 않았습니다. 자유와 평등을 비롯한 기본권의 진정한 의미 역시 찾아가는 중이지요. 때로는 국가로부터의 자유를 우선하기도 하고, 때로는 더 나은 복지를 위해 국가의 개입을 받아들이기도 합니다. 어른들도 '정답'을 모르는 것이지요.

그러니까 어른들이 만들어 놓은 세상에서 포기하거나 주저앉지 마세요. 여러분의 세상과 정답은 여러분이 만드는 것입니다.

생각거리 1 자유와 평등 두 기본권 중 어느 하나만 강조할 경우 어떤
일이 벌어질지 생각해 봅시다.

_____

_____

_____

_____

_____

_____

생각거리 2 21세기에 대한민국 국민이 보장받아야 하는 사회적 기본
권은 어느 정도 수준이어야 할까요?

_____

_____

_____

_____

_____

_____

민주주의를
항해하는 대한민국호
-민주 국가와 정부

셋째 날인 오늘은 민주에게 발이 편한 신발을 챙기자고 했습니다. 청와대와 경복궁을 둘러보고 광화문에서 마침표를 찍을 예정이거든요. 다녀야 할 거리가 만만치 않습니다. 게다가 겉핥기로 스쳐 지나가기에는 너무 중요한 공간이잖아요. 2022년 5월까지 대한민국을 이끌었던 청와대와 왕조 시대를 대표하는 경복궁입니다. 비교를 통해 통치 구조에 관해 알아보는 것도 재미있을 거예요.

중고등학교 교과서 연계 단원

중학교 사회

9 정치 생활과 민주주의

민주 정치와 정부 형태

10 정치 과정과 시민 참여

지방 자치와 시민 참여

11 일상생활과 법

재판의 종류와 공정한 재판

고등학교 정치와 법

2 민주 국가와 정부

민주 국가의 정부 형태

우리나라의 국가 기관

지방 자치의 의의와 과제

대한민국의 선장은
누구일까?

민주 아빠, 종종 뉴스에서 우리나라 대통령이 다른 나라 정상과 회담하는 모습을 보는데요. 상대방은 대통령일 때도 있고, 총리일 때도 있더라고요. 우리는 대통령도 있고, 국무총리도 있는데요. 다른 나라와 어떻게 다른지 궁금해요.

아빠 대한민국을 커다란 배라고 생각해 볼까? 그 배는 헌법의 기본 원리를 실현하고, 국민의 기본권을 보장하는 민주주의를 향해 나아가고 있어. 항로를 정하고, 변덕스러운 날씨에 맞서기도 해야 하지.

우리는 모두 배에 타고 있지만 운항하는 사람들은 따로 있어. 영화나 드라마에서 봤을 거야. 선장이 "진로를 남동쪽으로 돌려라!"라고 외치면, 조타수가 태엽을 감듯 힘차게 키를 돌리지. 항해사는 엔진 룸에 연락해 속도를 높이고.

헌법 제1조 제2항에 따라 모든 권력은 국민으로부터 나오지만, 그 권력을 실제로 행사하는 사람은 따로 있어야 해.

우리 헌법은 입법부, 행정부, 사법부로 나뉜다고 했지? 군주제에서는 그런 구별 없이 왕이 모든 권력을 가졌지만, 현대 민주 국가들은 그렇지 않아. 비슷한 형태로 권력을 나누고 있지. 너무 많은 힘을 가진 사람이나 몇몇 사람에게 권력을 맡겼다가 자칫 주인의 자유마저 위협받을 수 있으니까. 민주주의는 사람이 아닌 법과 제도를 믿는 거야.

한 나라의 통치 기구를 가리켜 넓은 뜻의 정부라고 해. 좁게는 행정부만을 가리키지.

또한 선장 역할을 누구에게 어떻게 맡기느냐에 따라 크게 대통령제와 의원 내각제로 나뉘는데, 각각을 기초로 나라마다 상황에 맞게 변형한 체제를 갖추고 있어. 두 체제를 가장 쉽게 구별하는 방법은 국민이 투표를 한 번 하느냐, 두 번 하느냐일 거야. 그중에서 우선 대통령제에 관해 살펴보자.

🖋 대통령제

대통령제는 국가 원수인 동시에 행정부의 총책임자인 대통령을 선거로 따로 뽑는 정부 형태야. 국민으로부터 선택을 받고, 국민에 대해 책임을 지는 거지.

행정부나 의회 둘 다 국민으로부터 직접 권력을 위임받은 만큼 대등한 위치에서 서로 견제와 균형을 이룰 수 있어. 한 곳이 나라를 끌고 가기 어려운 만큼 국민의 기본권을 침해할 가능성은 적단다.

대통령제는 각자 본연의 업무에 충실한 것을 원칙으로 해. 의회에서는 법률을 만들고, 행정부는 법에 따른 집행을 하지. 의원은 장관 같은 일을 맡을 수 없고, 행정부는 정책을 제안할지언정 직접 법률을 만들 수는 없어.

서로 견제하는 장치도 있단다. 의회에서 만든 법률은 대통령이 발표해야 효력을 발휘할 수 있어. 정책에 맞지 않는 법은 거부할 수도 있고. 의회는 대통령이나 장관이 제 몫을 못 하면 물러나도록 할 수 있어.

민주도 뉴스나 신문에서 '집권 여당'이라는 말을 들어 봤을 거야. 대통령이 속한 정당을 그렇게 부르지. 집권 여당이 의회에서도 다수를 차지하면 강력한 리더십을 발휘할 수 있어. 정책과 그걸 뒷받침하는 법률을 한뜻으로 만들 테니까. 하지만 이는 동시에 독재로 변질할 수도 있다는 뜻이지.

집권 여당의 반대인 '야당'이 다수를 차지하면 대통령이 국정을 뜻대로 운영하기 곤란할 수 있어. 그래서 대통령제에서는 여야의 대화와 타협이 필요하단다.

어떤 정부 형태를 택해도 장단점은 동전의 양면처럼 겹쳐. 그저 우리나라를 정치인들에게 맡겨 놓기만 할 수 없는 이유지. 국민이 관심을 잃지 않고 늘 지켜봐야 정치인들이 노력하겠지? 정해진 임기마다 국민으로부터 좋은 점수를 받기 위해서 말이야.

🖋 의원 내각제

의원 내각제에서는 국민이 한 차례의 선거로 자신들을 대신할 의원들만 뽑아. 의회에서 행정부 수반인 총리를 정하는데, 자연스레 다수당을 대표하는 의원이 총리를 맡겠지? 그 총리가 행정부인 내각을 꾸리는 거야. 입법부와 행정부가 뒤섞여 권력 분립보다는 융합에 가깝단다.

의원은 총리는 물론 장관도 할 수 있고, 내각에서도 직접 법률안을 의회에 제출해 투표에 부칠 수 있어. 국가 원수로 대통령이나 왕이 있기도 하지만 상징적인 존재에 그치지.

의회와 내각이 뭉치기 쉬우니 긴밀하게 협조해 나라를 안정적으로 이끌 수 있는데, 그만큼 견제와 균형이 어려울 수 있어. 다수당이 횡포를 부릴 여지가 있는 거지.

그래서 의원 내각제에서는 대통령제보다 강력하게 서로를 통제

할 수 있도록 했어. 의회는
총리가 하는 일이 마음에 들
지 않으면 내각 불신임권을
행사할 수 있어. 총리와 장관
모두 나가라고 할 수 있는
거지.

오스트레일리아 의회의 모습

만약 억울하다면 총리에
게도 되받아칠 수 있는 권한
이 있어. 아예 의회를 해산시
켜 버릴 수 있거든. 임기와
상관없이 의원들의 자격을
없애 버리는 거야. 사실 총리를 의회에서 뽑으니까 그러면 총리도
동시에 물러나게 되는 거지.

만약 이렇게 되면 선거를 다시 치러야 해. 의회의 뜻이 옳았는
지, 총리와 내각의 정책이 옳았는지 국민의 판단을 구하는 거야.

🎤 우리나라의 정부 형태

대한민국은 헌법 제67조 제1항에 따라 대통령을 국민의 선거로
선출하는 대통령제 정부 형태를 택했어. 또 헌법 제53조 제2항에
따라 국회가 만든 법률을 거부할 수 있도록 했지.

그런데 행정부를 총괄하기 위해 국무총리와 국무 위원이라는

이름으로 내각을 꾸리고, 헌법 제52조에 따라 국회 의원뿐만 아니라 행정부 역시 법률안을 국회에 낼 수 있어. 국회가 직접 국무총리나 국무 위원을 물러나라고 할 수는 없지만, 헌법 제63조 제1항에 따라 해임하라고 대통령에게 건의할 수는 있지. 의원 내각제 요소를 일부 받아들인 거야.

한마디로 우리나라의 정치 현실에 맞게끔 각 정부 형태의 장단점을 적절히 조화한 거란다. 법과 제도 역시 고정된 것이 아니라 필요에 따라 고쳐 가는 거니까. 정치란 국민의 삶과 함께 움직이는 거지.

몇 가지 의원 내각제 요소를 더 살펴볼까? 국회에서 총리를 뽑지는 않지만, 국회의 동의는 거치도록 절충했어. 국회 의원이 국무 위원을 맡을 수 있고, 대통령은 물론 국무총리와 국무 위원 모두 국회에 나와 직접 발언할 수 있도록 했지. 이는 행정부와 입법부를 엄격하게 분리한 원칙적인 대통령제와 다르단다.

변호사 아빠와 떠나는 '민주주의와 법' 여행

오늘의 대화 (오전 10시)

국회 의원이
300명인 이유

민주 아빠 말을 들으니 대통령과 국회의 역할이 나누어져 있다는 걸 잘 알겠어요. 그런데 둘 다 국민의 뜻을 받드는 건 똑같잖아요. 대통령은 한 사람을 뽑는데 국회 의원은 왜 여러 명을 뽑는 거예요? 이렇게 몇백 명이나 필요한 건지 솔직히 잘 모르겠어요. 세금을 낭비한다는 말도 가끔 나오잖아요.

아빠 헌법 제41조 제2항에 따라 국회 의원의 수를 법률로 200인 이상으로 정했거든. 공직 선거법에서는 제21조 제1항에 따라 300명을 뽑도록 했고.

그렇다면 이만큼 정한 이유가 있겠지? 우선 국민이 어떤 생각을

아빠,
왜 국회 의원은
300명이나 돼요?
너무 많은 거 같아요.

2561. 2562...

뺑

법으로
그만큼 뽑자고 정했거든.
전국 곳곳에서
국민이 어떤 생각을 하는지
들어야 하니까.

음,
300명이 많은 건
아니네요.

끄떡
끄떡

이참에 민주가 한번
일일 국회 의원 해 볼래?
우선 법률을 만들고, 예산을 짜고,
결산도 하고,
국정 감사까지 하면 돼.

우리 당에 들어오면...

아까
처음에 한 말
취소요! 취소!

민주야!
얘기라도 좀...

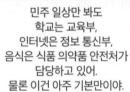

민주 일상만 봐도
학교는 교육부,
인터넷은 정보 통신부,
음식은 식품 의약품 안전처가
담당하고 있어.
물론 이건 아주 기본만이야.

네,
역시 300명이
많은 건 아니네요.

하는지 대통령 한 사람이 모두 들을 수는 없잖아. 그래서 전국 곳곳의 지역구 국회 의원이 눈과 귀를 열고 있는 거야.

무엇보다 국회의 역할 자체가 만만치 않아. 대표적으로 법률 만드는 일을 꼽지만, 행정부가 일하는 데 필요한 예산을 찌는 것 역시 국회의 몫이거든.

예산은 세금으로 마련하는데, 국민으로부터 걷는 소중한 돈인 만큼 국회가 만든 법률로만 세금을 정할 수 있어. 그 돈을 제대로 썼는지 결산하고, 국정 감사도 해야 하지. 다시 말해 행정부를 견제하는 거야.

대통령은 한 사람이지만, 행정부 전체 공무원은 얼마나 될까? 무려 110만 명이 넘어. 국회는 국회 의원 300명을 중심으로 보좌관과 국회 공무원을 모두 합해도 5,000명이 안 되는데 말이지.

무작정 숫자를 비교하려는 게 아니고, 행정부와 국회가 함께하는 일이 많다는 걸 말해 주고 싶어서야. 민주의 평범한 하루를 떠올려 볼까? 일어나서 아침을 먹고, 걷거나 버스를 타고 학교에 가지. 쉬는 시간이면 스마트폰으로 친구와 수다를 떨고, 볼거리를 찾아보기도 하지. 집에 들러서 저녁을 먹은 다음에 학원에 가고.

이런 단순한 일상을 유지하기 위해서 얼마나 많은 일이 필요할까? 음식은 식품 의약품 안전처가, 이동은 국토 교통부가, 데이터 통신은 정보 통신부가, 학교와 학원은 교육부가 담당해. 이에 더해서 식품 위생법, 정보 통신망법, 도로 교통법, 초·중등 교육법이 뒷받침을 해 줘야 하지.

물론 이건 아주 기본만 간추린 거고 한 번에 끝나지도 않아. 끊임없이 유지·보수하고 새롭게 변하는 현상에 맞춰야 하지. 이렇게 우리 일상은 행정과 입법으로 이루어져 있단다.

🖋 법률의 제·개정

이제 국회에서 법률이 새롭게 만들어지거나 수정되는 과정을 알아볼까?

국회 의원이나 행정부에서 특정 사안에 관한 법률안을 구상하면 일단 국회 의장에게 제출해. 그러면 법률로 삼을 만한지 검토를 시작하는데, 누구라도 대한민국에 필요한 모든 일을 알 수는 없잖아? 그래서 국토 교통, 과학 기술 정보 방송 통신, 농림 축산 식품

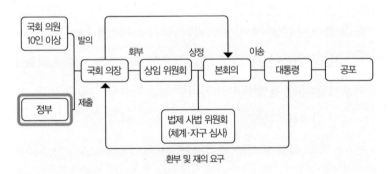

국회에서 법률이 만들어지는 과정

해양 수산, 교육…… 이런 식으로 비슷한 분야를 묶어 17개의 상임 위원회를 만들어서 맡겼어. 이걸 다른 말로 '회부'라고 해. 위원회별로 대응하는 행정 부처들이 있고, 필요하면 공청회를 열어 전문가와 국민의 의견을 듣기도 하지.

해당 상임 위원회를 통과하면 법률로서의 체계와 형식에 이상은 없는지 한 번 더 법제 사법 위원회를 거쳐. 비로소 본회의에 올려 국회 의원들의 표결에 부치는 거지. 이걸 '상정'이라고 해.

원칙적으로 모든 의원, 그러니까 재적 의원의 과반수가 출석해서 출석한 의원의 과반수가 찬성하면 돼. 찬성을 거치면 대통령에게 보내는데, 이건 '이송'이라고 한단다. 15일 이내에 국민에게 공포하면 법률로서 효력을 가지게 되지.

대통령이 거절하고 다시 표결에 부쳐 달라고 요구할 수 있는데, 이걸 '환부 및 재의 요구'라고 해. 이때는 재적 의원의 과반수가 출석하고, 출석 의원의 3분의 2가 찬성해야 법률로 확정되지.

한편 다른 나라와의 조약은 우리나라 안에서 법률로 인정하는데, 법률과 반대로 대통령이 체결하면 국회에서 동의해 줘야 한단다.

🖋 국회 의원과 국회의 구성

국회 의원은 헌법으로 정해 놓은 헌법 기관이야. 국민이 4년마다 한 번씩 직접 투표로 뽑지. 인구와 행정 구역, 교통 사정 등에 따라 나눈 지역구에서 가장 많은 표를 받은 한 명의 국회 의원을 선출하는데, 이를 소선거구제와 다수 대표제라고 해. 여기에 더해 정당별로 얻은 표의 숫자에 따라 비례 대표 의원들이 생기지.

국회 의원들이 임무를 잘하게 하는 여러 장치가 있는데, 우선 두 가지 특권을 들고 싶어.

먼저 '면책 특권'은 국회에서 일하면서 하는 말이나 행동에 대해 법적으로 책임을 묻지 않는 거야. 또 '불체포 특권'은 회의 기간에는 국회의 동의 없이 체포하거나 구속할 수 없는 거야. 국민만 바라보고 소신 있게 행동하라는 일종의 배려지.

국회가 원활하게 작동하기 위한 제도도 있어. 한 명의 국회 의장과 두 명의 부의장을 뽑고, 앞서 말한 것처럼 분야를 나누어 상임 위원회를 맡아. 달리 필요한 일이 있으면 특별 위원회를 두기도 하지.

같은 정당 소속 국회 의원이 20명 이상이면 교섭 단체라고 해. 소속 의원 숫자가 적으면 다른 정당 의원들끼리라도 20명을 모아 교섭 단체가 될 수 있어. 300명이 저마다 움직이면 뜻을 모으기 어려울 테니까 단체로 의견 조율을 할 수 있도록 한 거야. 300개보다는 2~3개 단체끼리의 대화와 타협이 쉬울 테니까.

국회는 1년에 1회 100일 이내로 정기회를 여는데, 대통령이나 국회 의원 4분의 1 이상의 요구로 30일 이내의 임시회를 열 수도 있어. 회의는 국민 모두 지켜보도록 공개하지. '일사부재의의 원칙'에 따라 같은 안건은 같은 회기 중에는 한 번만 논의해야 한단

변호사 아빠와 떠나는 '민주주의와 법' 여행

다. 하지만 '회기 계속의 원칙'에 따라 의결까지 이르지 못했다면 다음 회기에 이어서 할 수 있어.

이처럼 국회는 법률안을 만들고, 예산과 결산으로 나라 살림을 꾸린단다. 나아가 대통령을 비롯해 국무총리나 장관 같은 고위 공직자의 잘못을 물어 탄핵 소추할 수도 있지. 탄핵할지 말지 최종 결정은 헌법 재판소의 몫이긴 하지만 말이야.

또한 국정 감사를 실시하거나 고위 공직자를 임명할 때 인사 청문회를 열어 자격을 검증하기도 하지.

대통령의 권한은
어디까지?

민주 뉴스에서만 보던 국회와 대통령의 관계가 이제 이해가 돼요. 그러면 아빠, 대통령은 국회가 협조하지 않으면 아무 일도 못하는 거예요? 대통령은 행정부의 수반이면서 국가 원수이기도 하잖아요. 그런 최고 의사 결정권자로서 권한과 역할은 따로 있는 거예요?

아빠 따로 있기도 하고 같이 있기도 해. 무슨 말인지 잘 모르겠지?

대통령이 국회와 잘 협조해야 원활하게 나라를 운영할 수 있는 건 분명해. 그런데 만약 사이가 틀어지면 풀 수 있는 권한 역시 대통령에게 있어. 국회 출석 발언권에 따라 직접 국회를 찾아가 국회 의원들에게 견해를 밝힐 수 있거든. 국회가 멈춰 있으면 모여 달라고 임시회를 소집할 수도 있고. 국민이 그런 상황을 다 지켜보니까 국회라고 무작정 반대할 수는 없겠지. 다시 말해 국가 원수로서 행정부와 입법부 사이 국정을 조정할 수 있는 거야.

나아가 대통령은 외교·국방·통일을 비롯한 중요한 사항이나 헌법을 고치는 일을 국민 투표에 부칠 수 있단다. 국회가 만든 법률안을 거부할 수도 있고, 대통령이 공포해야 비로소 법률로서 효력을 가질 수 있지. 또 사면권에 따라 사법부가 유죄로 판결한 사람이라도 국민 통합을 위해 특별히 용서할 수 있어.

대통령은 국가 원수로서 대외적으로 대한민국을 대표해. 다른 나라 정상을 만나고, 우리나라의 사절을 해외로 보내거나 외국 사절을 맞이하며 외교 활동을 하지. 그 과정에서 법률로서 효력을 가지는 조약을 체결하기도 해. 국제화 시대이니만큼 어느 나라와 어떤 관계를 맺느냐는 경제를 비롯해 나라 전체에 커다란 영향을 끼치지.

국가 원수로서의 권한은 비상 상황에서 특히 중요하단다. 대통령에게는 '선전 포고 및 강화권'에 따라 다른 나라를 상대로 전쟁을 선포하거나 평화를 회복할 수 있는 권한이 있어.

전쟁이 아니더라도 나라 자체가 위태로운 상황이라면 특별한 조치가 필요할 텐데, 국회를 거치지 않고 법적 효력을 가지는 긴급 명령과 긴급 재정·경제·처분 명령을 내릴 수 있지. 행정과 사법을 임시로 군이 도맡는 계엄을 선포할 수도 있고.

그 밖에 국무총리, 대법관과 대법원장, 감사원장, 헌법 재판소장, 헌법 재판관처럼 행정부, 사법부의 중요한 헌법 기관을 임명할 수 있어. 행정부뿐만 아니라 입법부와 사법부를 구성하는 일인 만큼 역시 국가 원수의 권한인 거란다.

🖊 국무 회의의 역할

대통령은 국가 원수이자 행정부 수반으로서 수많은 결정을 내려야 해. 300명의 목소리가 있는 국회와 달리 오롯이 혼자 책임을 져야 하지.

헌법은 그 무게를 감안해 제88조 제1항에 따라 국무 회의를 거쳐 중요한 정책을 결정하도록 하고 있어. 국무 회의는 대한민국 정부의 최고 심의 기관이야. 제89조에 따라 국정의 기본 계획과 정부의 일반 정책은 물론 헌법 개정안과 법률안, 예산안과 결산처럼 재정에 관한 중요 사항 등을 심의하지. 다만 국무 회의에서 정한 의견을 대통령이 꼭 따라야 하는 것은 아니야.

국무 회의에는 대통령과 국무총리는 물론 행정 각 부 장관이 국무 위원으로서 참가해야 해. 각자 담당하고 있는 업무 범위를 넘어 국정 전반에 관해 함께 심의하지. 같은 사람이지만 국무 위원으로

코로나19 확산과 관련한 국무 회의 모습

서 의견을 내는 일과 장관으로서 그에 따른 사무를 집행하는 일은
구별해야 해. 사안에 따라 국무 위원 이외에 대통령 비서실장, 국
가 안보실장, 법제처장, 금융 위원장 등도 참가할 수 있단다.

오늘의 대화 (오후 1시)

민주주의는
사람을 믿지 않는다?

민주 대통령의 권한이 제가 생각한 것보다 훨씬 많고 중요하네요. 그런데 우리나라는 삼권 분립을 통해서 서로 견제하고 균형을 갖추고 있잖아요.

저만 이렇게 생각하는 건지는 모르겠지만, 그중에서 유난히 사법부의 독립을 강조하는 거 같아 보여요. 사법부에 대해서는 국회나 정부가 어떤 이유로든 간섭하면 안 되는 거예요?

아빠 많은 사람이 어우러져 살기 위한 약속이 법이야. 법은 국민의 대표인 국회 의원들이 입법부인 국회에서 만들지. 법 중에서도 가장 큰 약속인 헌법에 따라 대한민국을 이루고 있고. 국민이 맡긴

변호사 아빠와 떠나는 '민주주의와 법' 여행

권력으로 나라를 운영하는 행정부 역시 법에 따라 집행하지.

이 모든 게 정해진 대로 흐르면 좋겠지만, 수많은 일이 일어나는 만큼 갈등이 있을 수밖에 없겠지? 어느 쪽이 법에 맞는지 사람들 사이에 다툼이 생기는 거지.

국가와 국민 사이 역시 마찬가지야. 국가 기관의 업무 역시 사람이 하는 만큼 누군가는 부주의해서, 혹은 일부러 약속을 어기는 일이 생기지.

이처럼 대화와 타협으로 풀 수 없는 단계에 이르렀을 때 최후 수단으로 쓰기 위해 사법권을 둔 거야. 공적이고 사적인 모든 영역의 갈등에 관해서 법은 어떻게 정하고 있는지 판단할 수 있는 권한을 부여한 거지.

입법과 행정이 일상생활을 위한 기능이라면, 사법은 그 과정에서 벌어진 문제를 풀기 위한 사후적 장치라고 볼 수 있어. 사상, 철학, 윤리에서의 옳고 그름이 아니라 법에 따르면 어느 쪽이 맞는지 판단하는 거지.

재판 결과에 따라 당사자들의 미래는 크게 달라져. 정부의 계획이 바뀔 수 있고, 개인의 삶이 흔들릴 수 있지. 따라서 공정한 재판을 보장하지 않으면 국민의 기본권은 보장될 수 없어. 국민이 곧 국가인 만큼 국가의 기반도 흔들릴 수 있단다.

특히 입법부나 행정부가 국민이 맡긴 권력을 자신들의 이익을 위

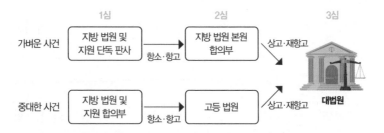

	1심	2심	3심
가벼운 사건	지방 법원 및 지원 단독 판사	→(항소·항고) 지방 법원 본원 합의부	상고·재항고 →
중대한 사건	지방 법원 및 지원 합의부	→(항소·항고) 고등 법원	상고·재항고 → 대법원

우리나라의 심급 제도

해 사법부에 행사하는 일은 결코 있어서는 안 돼. 이를 다른 말로 '법원의 독립'이라고 해.

재판을 맡은 법관은 법률이 정한 자격을 갖춰야 하고, 함부로 신분을 흔들지 말아야 한단다. 오로지 헌법과 법률로 양심에 따라 독립적인 재판을 할 수 있어야 하지. 이를 다른 말로 '법관의 독립'이라고 해.

참고로 경찰이나 검찰은 행정부에 해당해. 이들은 범죄자로 의심받는 사람을 재판에 넘길 뿐 최종적인 판단은 사법부인 법원에 의해 내려지지.

물론 재판 역시 사람이 하는 일이니 완벽할 수는 없겠지? 민주주의는 사람을 믿지 않는다고 했잖아. 따라서 심급 제도를 통해 같은 사건에 대해 두 번, 세 번 재판할 수 있게 했어.

일반적으로 지방 법원이 1심, 고등 법원이 2심, 사법부 최고 기관인 대법원이 3심을 맡아. 특허 소송이나 선거 소송은 2심제로

운영하기도 하지. 대통령이나 국회 의원 선거는 대법원 단심제로
운영하고.

　행정부와 입법부가 사법부를 적극적으로 견제하는 제도도 있
어. 대법원의 대법원장과 대법관은 대통령이 임명하거든. 그 과정
에서 국회의 동의가 있어야 하고. 법원이 내린 유죄 판결을 대통령
이 사면해 주는 일 역시 간접적인 견제로 볼 수 있지.

　가장 강력한 수단은 잘못을 저지른 법관의 신분을 박탈해 달라
고 헌법 재판소에 요구하는 국회의 탄핵 소추야. 재판의 내용에 간
섭할 수 없는 것이지 법원이나 법관이 신성불가침은 아니니까.

잎과 열매를 만드는
풀뿌리처럼

민주 이제 국민이 선거를 통해서 대통령과 국회 의원을 뽑는 이유가 잘 이해돼요.

그래도 한 가지 더 궁금한 게 있어요. 이미 민주주의 원리에 따라서 행정부와 국회를 운영하고 있잖아요. 그런데 동네마다, 그러니까 지방 자치 단체마다 단체장과 의원을 따로 뽑기도 하잖아요. 그 이유는 뭐예요?

아빠 민주가 그런 것까지 궁금해하고 있었다니 아빠가 참 뿌듯한데?

민주는 아마 '풀뿌리 민주주의'라는 말을 들어 봤을 거야. 풀에는 굵은 줄기에서 뻗어 나간 가느다란 잔뿌리들이 무수히 달려 있지? 흙으로부터 직접 물과 양분을 빨아들이는 일은 사실 이 잔뿌리들의 몫이야. 줄기를 타고 올라가며 잎사귀를 키우고, 열매를 맺도록 하는 거지.

대한민국 방방곡곡은 다양한 지역으로 이루어져 있어. 산, 들, 바다의 자연조건이 다르고, 인구 밀집도나 주된 산업 역시 천차만별이지. 같은 도시 안에서도 동네마다 환경이 제각각이야. 대통령이나 국회 의원이 그런 조건 모두를 살피면서 나라를 운영할 수는 없어.

하지만 그 지역 주민들은 다르지. 자전거로 학교 가는 길에 장애물이 있다거나, 밤마다 길고양이들이 시끄럽게 군다거나 하는 문제가 매일의 현실이야.

그럴 때 같은 지역에 살면서 해결을 요청할 수 있는 정치인이 있으면 좋겠지? 주민들끼리 의견을 모아 전달할 수 있는 제도 역시 편리할 거고. 그 과정에서 자연스레 국민의 역할을 배울 수도 있을 거야. 본격적인 정치인으로 중앙 무대에 나갈 수도 있을 테고. 그래서 지방 자치를 '민주주의의 학교'라고도 한단다.

지방 자치는 두 가지 측면으로 나누어 볼 수 있어. 첫 번째는 주민들이 지역 문제에 대해서 직접 토론하고 정책까지 결정하는 걸 강조하는 '주민 자치' 측면이야. 두 번째는 중앙 정부가 일정한 분야의 업무를 지방 자치 단체에 맡겨서 처리하도록 하는 '단체 자치' 측면이지.

우리 지방 자치 제도는 두 가지 측면을 모두 반영하고 있어. 주민들은 투표로 지방 자치 단체장과 지방 의회 의원을 선출해. 또한 법률에 따라 자치 사무로 정한 일에 대해서 지방 의회가 조례를 만들어서 그 지역만의 법으로 삼지.

일부 지역에서는 주민들이 자치 단체 예산을 편성하고 평가하는 일에 관여하기도 한단다. 내가 낸 세금이 어떻게 쓰이는지 잘 알면 그만큼 신뢰가 쌓이겠지? 자치 단체장은 조례에 따른 집행을 하고, 지방 도로를 관리하는 일처럼 중앙 정부로부터 위임받은 일을 처리하기도 해.

지방 자치의 특성을 살릴 수 있는 또 하나의 제도가 있어. 민주와 직접적으로 관련이 있는 교육과 학예 분야야.

물론 국가 전체의 정책을 정하는 교육부가 있지만, 보다 섬세하게 지역 특성을 반영하기 위해서 시도별로 교육감을 뽑거든. 일상생활 속에서 일어나는 학교와 학생 문제에 그만큼 잘 대응하라는 거지.

오늘의 방문 (오후 3시)

청와대와 경복궁,
광화문 광장

서울특별시 종로구 청와대로 1. 1948년부터 2022년 5월 9일까지 대한민국 최고 의사 결정 기관인 대통령부가 자리했던 청와대 주소입니다. 정치 뉴스를 보도하는 TV 화면에는 북악산을 등진 푸른 지붕이 어김없이 등장했습니다. 대통령 집무 공간이었던 본관이지요.

이제 청와대는 권력을 내려놓고 국민에게 돌아왔는데요. 잔디가 깔린 넓은 마당을 지나 건물 안으로 들어서면 빛나는 샹들리에 아래 레드 카펫이 맞이합니다.

1층에는 대한민국의 여정을 결정하는 국무 회의가 열렸던 세종실이 있고요. 대통령 배우자가 손님들을 만났던 무궁화실도 있습

2022년 5월까지 대통령부가 자리했던 청와대

니다. 2층에는 집무실, 외국 정상과 공동 기자 회견을 가졌던 인왕실, 회의 공간 등으로 쓰였던 충무실이 있습니다.

개방된 청와대 본관은 1991년에 지어진 것인데요. 옛 청와대 본관은 사실 일제 강점기 조선 총독부의 관사였습니다. 1945년 광복을 맞은 이후 미국이 우리나라를 관리하던 동안에는 미군 사령부로 쓰였습니다. 1948년 정부 수립 이후에야 우리 대통령의 집무실로 이용했고요. 새로운 본관을 지은 다음 1993년에 철거했습니다. 아팠던 우리 근현대사가 청와대에도 남아 있는 것입니다.

본관 뒤편에는 정원이 자리 잡고 있고요. 대통령과 가족들의 생활 공간이었던 관사가 있습니다. 지금까지 외국 귀빈을 맞이하거나 중요한 행사를 할 때 쓰이는 상춘재도 볼 수 있습니다. 고려 시대, 조선 시대 역사를 기록하던 관청에서 이름을 본뜬 춘추관도 빼

변호사 아빠와 떠나는 '민주주의와 법' 여행

놓을 수 없는데요. 이곳은 대통령이 기자들을 통해 국민과 소통하던 공간이었습니다.

정와대의 역사는 아주 깊습니다. 조선 시대에는 경복궁의 뒷마당으로 쓰였던 공간입니다. 선비들이 과거를 치르기도 했고요.

옛 청와대 본관이 있던 곳에는 왕궁을 지키는 수궁이 자리 잡고 있었습니다. 시계를 조금 더 돌리면 이미 고려 시대에 왕궁이 들어섰는데요. 조선을 세운 태조 이성계가 조금 더 넓은 궁궐을 짓기 위해 경복궁으로 위치를 옮겼습니다.

경복궁에는 왕과 관리들의 업무 시설뿐만 아니라 왕족들의 생활 공간까지 500여 동의 건물이 빼곡히 들어서 있었는데요. 중심인 근정전이 청와대의 본관 같은 역할을 했습니다. 조선을 배경으로 한 사극에 꼭 나오잖아요. 왕이 가운데 높은 자리에 앉아 있고, 양옆으로 신하들이 늘어서 국정을 논의하는 장면 말이에요.

청와대, 경복궁의 역사는 고려 시대부터 따지면 1,000년을 거슬러 올라가는데요. 전체 공간의 시작점이 광화문인 셈입니다. 군주의 덕이 사방으로 뻗어 나간다는 의미로 세종 대왕 시절에 지은 이름입니다. 좋은 뜻이지만 위에서 아래로 은혜를 베푼다는 것이기도 하지요.

절대 군주제, 일제 강점기, 권위주의 정부를 거쳐 민주주의를 만들어 나가는 우리에게는 이게 어떤 뜻이어야 할까요?

민주주의는 다양한 목소리가 어우러지는 광장에서 시작됩니다.

광화문 앞에 펼쳐진 광장의 미래는 우리에게 달려 있습니다.

대통령은 제왕이 아니다!

제왕적 대통령제를 폐기해야 한다는 이야기를 들어 본 적이 있나요?

앞서 대통령이라 할지라도 국회에서 만든 법률 없이는 마음대로 정책을 펼 수 없다고 했습니다. 실제로 대한민국에서 대통령이 독자적으로 할 수 있는 일은 많지 않은데요. 그런데도 군주제 시대에 어울리는 제왕을 둘러싼 논란이 우리 정치에 종종 등장합니다.

대통령이라는 권력은 국민을 위해 행사되어야 하지만, 현실 세계에서 그 외에도 커다란 영향력을 가집니다. 단적인 사례로 대통령이 직접 임명하거나 관여할 수 있는 자리가 2,000개쯤 된다고 합니다. 간접적인 인사권까지 따지면 2만 개 정도에 이른다고도 합니다.

뉴스에서 '낙하산 인사'라는 말을 들어 봤을 거예요. 능력, 경력과 상관없이 대통령 측근이라는 이유로 고위직을 차지하는 것을 비꼬는 말입니다. 아무래도 그들은 대통령 편에서 일하게 되겠지요.

사실 110만 명이 넘는 행정부 공무원 전체가 어느 정도 그런 상황에 놓입니다. 따라서 국민 눈치가 아니라 대통령 심기에 더 신경을 쓸 수 있습니다.

공무원이 하는 일들, 특히 고위직에서 결정하는 일들은 국민의 삶에 직접적인 영향을 끼치는데요. 따라서 나라의 주인인 국민이 대통령을 따라야 하는 경우가 생길 수 있습니다. 그럴 때 '제왕'이라는 표현이 완전히 틀리지는 않겠지요. 물론 아주 많이 잘못된 상황을 가정한 것입니다.

이런 상황에서는 국가 전체의 정치 역시 문제가 생길 수 있습니다. 대통령을 배출한 집권 여당의 국회 의원 숫자가 야당의 국회 의원 숫자보다 많으면 어떨까요? 야당과의 타협 없이 독단적으로 국정을 운영할 수 있겠지요.

거꾸로 야당의 국회 의원 숫자가 많으면 나라가 멈출 수도 있습니다. 대통령이 추구하는 정책을 뒷받침하는 법률을 만들어 주지 않는다면요. 이 역시 그럴 수도 있다는 가정입니다.

공무원은 국민 전체에 대한 봉사자라는 헌법 정신을 지켜 준다면 그런 걱정은 필요 없을 것입니다(제7조 제1항). 다만 법과 제도는 사람을 믿지 않는다고 했잖아요. 대통령이 권력을 남용할 우려 자체를 없애야 한다는 목소리가 적지 않습니다. 대통령에게 권력이 집중되기 어려운 의원 내각제를 도입하자고도 하고요. 대통령에게는 국방, 외교와 같은 대외적인 업무만 맡겨야 한다고도 합니다.

그런 중요한 변화는 국민의 뜻을 묻는 국민 투표로 정해질 것입니다. 다만 그 전이라도 국민 스스로 민주주의의 정신을 잊지 말아야 합니다.

단군이 이 땅에 나라를 세운 이후 반만년 역사가 흘렀다고 하는데요. 정작 국민이 주인인 민주주의의 역사는 100년도 되지 않았습니다. 그러니 여전히 왕이 다스리던 시대의 사고방식이 있을 수밖에요. 혹시라도 대통령을 '왕'처럼 보는 시각까지 남아 있다면 거기서부터 변화를 시작해야 할 것입니다.

생각거리 1 여러분이 대통령 혹은 교육부 장관을 맡는다면 교육과 관련해 어떤 정책을 펼치고 싶은지, 그리고 그것을 실현하기 위해 어떤 절차를 거쳐야 할지 생각해 봅시다.

_____

_____

_____

_____

_____

_____

생각거리 2 여러분이 지금 살고 있는 지역, 학교와 집 주변에 정치가 필요한 일은 없는지 찾아봅시다.

_____

_____

_____

_____

_____

_____

변호사 아빠와 떠나는 '민주주의와 법' 여행

국민의
목소리를 듣는 법
-정치 과정과 시민 참여

넷째 날인 오늘은 국회 의사당으로 향합니다. 언론에서는 종종 '여의도 정치권'이라는 표현을 쓰는데요. 대한민국의 중요한 사안들에 관한 논의가 국회가 있는 여의도에서 이루어지기 때문입니다. 여의도는 원래 육지와 떨어진 섬이었는데요. 마포 대교를 비롯한 세 개의 다리로 육지와 이어졌습니다. 정치권은 국민과 동떨어진 섬이 아니라고 말하는 것처럼 국회가 이곳에 터를 잡은 것입니다.

중고등학교 교과서 연계 단원

중학교 사회

10 정치 과정과 시민 참여

정치 과정과 정치 주체

고등학교 정치와 법

3 정치 과정과 참여

정치 과정과 시민의 정치 참여

정치 주체와 시민 참여

변호사 아빠와 떠나는 '민주주의와 법' 여행

오늘의 대화 (오전 10시)

눈을 크게,
목소리도 크게

민주 벌써 여행 4일 차라니, 시간이 너무 빠른 것 같아요.

아빠, 전에 국민은 시험을 치러서 직접 공무원이 되거나 선거를 통해 의사를 표현할 수 있다고 하셨잖아요. 그거 말고는 할 수 있는 게 없나요? 저처럼 선거권을 가지기 전의 청소년이라면 바라는 게 있어도 기다리기만 해야 되는 거예요?

아빠 그럴 리가. 고대 그리스에서는 참정권을 가진 모두가 함께 국가를 운영했어. 글자 그대로 모든 국민이 주인 역할을 했기에 직접 민주주의라고 하지. 다만 당시는 소규모 도시 국가였기에 가능했어.

고대 그리스의 한 정치가가 사람들 앞에서 연설하는 모습

훨씬 많은 인구가 있는 현대 국가에서는 국민 모두가 한자리에 모일 수가 없지. 그래서 대표들을 뽑아 자신들의 의견을 반영하도록 하는 간접 민주주의를 취하고 있어. 이를 대의제 민주주의라고도 한단다. 대표들은 국민의 뜻을 대신할 뿐 마음대로 국가를 운영해서는 안 돼. 늘 국민의 말에 귀를 기울여야 하지.

입법부, 행정부, 사법부에는 다양한 분야별 정책 결정 기구가 있어. 각자 맡은 일과 관련한 국민의 요구를 받아들여서 그에 맞는 정책을 세우고 집행하지. 그 정책을 국민이 어떻게 평가하는지 다시 듣고.

정치 과정은 이처럼 투입, 산출, 환류로 이루어진단다. 우리에게 필요한 일 역시 이렇게 이루어져야 하지. 계속해서 돌고 돌면서 대한민국이 움직이는 거야.

국민이 목소리를 내는 방식은 다양해. 개인별로 할 수도 있지만 이익 집단이나 시민 단체를 이루어서 할 수도 있지. 이들은 청원이나 서명 운동, 집회나 시위 등을 통해서 정치 과정에 참여해.

청원은 국민이 국가 기관에 바라는 바를 문서로 요청하는 일인데, 헌법 제26조 제1항에서 기본권 중 하나로 보장하고 있어. 사회적 논란을 일으킨 사안을 두고 찬반 서명 운동을 벌이는 일은 민주도 들어 봤을 거야. 또한 집회를 열어서 여럿이 한자리에 모여 한뜻으로 목소리를 내거나, 공공장소로 나아가 시위를 벌이기도 하지. 이 역시 헌법 제21조 제1항에서 중요한 기본권으로 보호하고 있어. 학생이라고 제외할 수는 없지.

이 외에도 국민의 목소리를 공론화하고 대표들에게 전달하는 언론이 있어. 정부에서 어떤 일을 진행하는지 알려 주는 일 역시 언론의 몫이고. 더 적극적이고 지속적으로 참여할 수 있는 형태로는 정당 활동이 있어.

오늘날에는 1987년 지금의 헌법을 만들 때는 없었던 새로운 방식들이 등장했어. 각종 커뮤니티와 SNS 등 온라인에서 실시간으로 다양한 의견이 쏟아지고 있어. 모든 국민이 한자리에 모일 수 없어서 간접 민주주의를 택했는데, 가상 공간에서는 그런 제약이 훨씬 덜하니까. 역사적으로 겪어 보지 못했던 새로운 실험이 이루어지고 있는 거지.

국민이 이런 다양한 통로에서 정치에 참여할 수 있어야 진짜 민주주의겠지. 대의제라고 맡겨 놓기만 한다면 국민이 주인이라고 하기에는 부족할 거야.

각자 원하는 바를 전달하고 실제 정책으로 반영될 때 비로소 민주주의를 몸으로 느낄 수 있어. 그러면 대한민국에 대한 믿음이 강해지고, 적극적으로 국가 운영에 참여하게 되겠지. 이런 과정을 통해서 지금보다 나은 사회를 만들어 갈 수 있을 거야. 민주주의는 아직 완성된 게 아니라 여전히 찾아가는 중이니까.

또 다른 측면에서 정치 참여를 소홀히 하면 안 되는 이유가 있어. 대의제에 따라 대표들에게 권력을 맡겼는데, 그 권력으로 자기 욕심을 채우려는 사람이 나오곤 하거든.

그런 사람 입장에서는 국민이 정치에서 멀어지는 게 좋겠지? 그래서 그런 정치인들은 얍삽하게도 '3S 정책' 따위로 국민의 시선을 돌리려 했어. 3S는 스포츠Sports, 성 산업Sex, 영상Screen을 말한단다. 국민이 여기에 빠지게끔 유도한 거야. 이런 일들이 우리나라에서도 종종 벌어져 왔어. 국민이 한눈팔도록 만들고 독재 체제를 갖추려고 한 거지.

어때? 민주주의를 위해서 국민이 언제나 두 눈을 크게 뜨고 있어야 하는 이유를 알겠지? 주인 자리는 그냥 주어지지 않는 거니까.

정당은 액체일까, 고체일까?

민주 아빠 말을 듣고 보니 민주주의를 지키는 건 정말 중요하면서도 어려운 일 같아요.

그런데 아빠, 국민으로서 자기 목소리를 내는 방법 중에서 적극적이고 지속적으로 참여할 수 있는 형태로 정당 활동이 있다고 하셨잖아요. 헷갈리는 게 있어요. 정당에 대통령도 있고 국회 의원도 있는데, 그러면 정당도 국가 기관 아니에요?

아빠 모호한 측면이 있기 때문에 그렇게 보일 수 있어. 우선 정당이 왜 만들어졌는지 알아볼까?

대의제 민주주의에서 국가 원수는 모든 국민을 대표해. 대한민국 5,000만 명의 뜻이 대통령 한 명에게 모이는 거지.

　말이야 그렇지만 현실적으로 대통령이 직접 모두의 목소리를 들을 수는 없어. 입법권을 가진 국회 의원은 300명이니까 대통령보다 많지만, 여전히 5,000만 명에 비하면 턱없이 부족한 숫자지. 그러니까 비슷한 생각을 하는 사람끼리 모인다면, 전체 의견을 파악하고 이에 따른 정책을 결정하는 게 조금은 수월하겠지?

　모든 국민이 비슷한 정도로 정치에 관심을 가질 거라고 기대하기도 어려워. 누군가는 아주 열성적으로, 누군가는 최소한으로 정치 과정에 참여하고 싶을 테니까. 정치에 관심이 높더라도 직접 공무원으로 나서기는 꺼릴 수도 있지.

　사회가 다양해진 만큼 각자 관심을 두는 분야도 다를 거야. 국방이나 외교처럼 국가 전체의 관점에서 바라보는 전문적인 시선도 필요하고, 일상생활에 직접 이해관계가 닿는 일들을 중요하게 바라보는 것도 필요하지.

　그런 '중간 지대'를 반영하기 위해서 등장한 게 정당이야. 대의제로 선출된 국가 기관과 유권자 사이를 잇는 거지.

　헌법 재판소는 정당을 '자유로운 지위와 함께 공공의 지위를 함께 가지는 단체'라고 정의했어. 국가 기관은 아니지만 국가에 필요한 공적인 일을 맡고 있다는 거지. 정당법 제2조는 정당에 대해 "국민의 이익을 위하여 책임 있는 정치적 주장이나 정책을 추진하고 공직 선거의 후보자를 추천 또는 지지함으로써 국민의 정치적 의사 형성에 참여함을 목적으로 하는 국민의 자발적 조직"이라고 설명하고 있어.

조금 더 자세히 들여다볼까? 정당은 정치적으로 같은 의견을 가진 사람들끼리 자발적으로 모인 단체야. 그 단체의 의견을 현실로 만들고 국가 권력을 얻기 위해서지. 이게 정당의 목적이야. 쿠데타 따위의 불법을 통해서가 아니라 민주적인 선거를 통해서 집권 여당이 되려는 거지. 이 부분이 영리를 추구하는 기업이나 취미를 같이하는 단체와 정당이 구별되는 가장 큰 특징이란다.

정당의 목적은 국민으로부터 좋은 평가를 받아야 실현되겠지? 이를 위해 정당에서는 선거 기간뿐만 아니라 평소에 지속해서 같은 뜻을 가진 사람들을 최대한 많이 모으고, 그 결과를 선거로 이어 간단다. 다양한 정책을 연구·개발해서 제시하고, 정당 소속의 국회 의원들을 통해 국회에서 법으로 만들어질 수 있도록 하지. 국민으로서는 국가가 나아가야 할 방향에 대해 여러 선택권을 가지는 셈이야.

다양한 의견을 주고받으면서 정치가 이루어져야 하는 게 민주주의잖아. 그래서 헌법 제8조 제1항에서도 "정당의 설립은 자유이며, 복수 정당제는 보장된다."라고 정해 놓았어.

아빠, 우리나라에 정당이 저렇게 많은데, 정확히 뭘 하는지 잘 모르겠어요.

그럴 수 있지. 우선 정당은 국가와 국민을 잇는 중간 지대 역할을 하고 있어.

정치 토크 콘서트

국가 기관은 아니지만 중요한 정책을 주장하고, 국민이 정치에 참여하게 이끌거든.

아하, 그럼 좋은 정책을 펴는 게 제일 중요하겠네요.

잘 부탁드립니다.

괜찮은 후보자가 어디 있나...

맞아. 그리고 국민의 뜻을 제대로 받들도록 훌륭한 사람을 찾아서 추천하기도 해.

짝 짝 짝

짝 짝 짝

좋아하는 브랜드 상품이라면 믿고 사는 거랑 비슷하네요.

민주 가입시키기 작전 시작이다!

역시 우리 딸! 그런데 민주야. 16세면 정당에 가입할 수 있다는 거 아니?

헉, 진짜요? 그럼 저도 곧 가입할 수 있겠네요.

정당의 기능을 조금 더 들여다볼까? 대의제 민주주의의 시작은 어떤 사람에게 권력을 맡기느냐부터일 거야. 국민의 뜻을 제대로 받들 사람을 잘 골라야 하지.

누가 좋을지 파악하는 게 쉽지 않겠지만, 지지하는 정당이 있다면 선택에 도움이 될 거야. 훌륭한 자질을 가진 사람을 미리 정당에서 찾아 추천해 주거든. 정당에 대한 신뢰가 후보에게 이어지는 거지. 즐겨 찾는 브랜드의 상품이라면 믿고 사는 것처럼 말이야. 자신이 선택한 후보가 실망을 준다면 어떨까? 정당 자체에 대한 지지가 떨어지겠지.

정당은 평소에 사회 현안에 관한 강연회와 토론회, 집회 등을 열어서 국민에게 정보를 전달하고 국민의 의견도 들어. 모인 의견은 정부에 전달하고, 그런 과정에서 정치를 이어갈 새로운 인물들을 키운단다. 그들 중에서 누군가는 의원으로 국회에서 일하게 되겠지.

이처럼 국회 의사당에 직접 모인 사람보다 훨씬 많은 사람이 정치 과정에 참여한단다. 이를 통해서 정부가 하는 일에 대한 감시와 견제를 할 수 있겠지.

🍆 정당을 통한 참여와 한계

국민은 정치에 참여하기 위해 정당을 어떻게 이용할 수 있을까? 우선 정당에 가입해 당원으로 활동할 수 있어. 당비 납부처럼 각 당이 요구하는 의무를 충족하면, 정당의 의사를 결정하는 일에 관여할 수 있는 권리가 생겨. 대표를 비롯한 당의 지도부를 꾸리거나 공직자 후보로 공천할 사람을 정하는 당내 투표에도 참여할 수 있지.

여기서 하나 재미있는 사실! 선거권이 주어지는 18세보다 빠른 16세면 정당에 가입할 수 있단다.

정당에 가입하지 않더라도 각종 선거에서 해당 정당을 투표로 지지할 수 있어. 지지율이 높은 정당의 의견은 정부가 무시하기 어려운 만큼, 개인의 목소리를 전달하는 좋은 통로가 되지. 정책 토론회나 공청회처럼 정당이 주최하는 각종 행사에 참여할 수도 있고.

민주도 국회 의원 누구의 사무실이라고 크게 써 놓은 간판을 본 적이 있지? 당마다 선거구별로 지역 주민들이 찾아갈 수 있는 사무소를 운영하고 있는 거란다.

헌법에서 복수 정당제를 보장한다고 하는데, 실제 정당은 몇 개나 될까? 다양한 의견을 들으려면 많을수록 좋을 것 같지만, 어느 정도 영향력을 갖추려면 너무 많은 정당이 있기도 어려울 거야.

나라마다 다른 정당제를 채택하고 있는데, 미국과 영국은 대표적인 두 정당이 번갈아 가며 정권을 차지해서 양당제라고 불러. 양당은 그만큼 강한 권력을 가지고 있고, 국민 입장에서는 선택하기도 쉽겠지. 대신 사이가 안 좋으면 갈등을 풀기 어려울 수 있어. 국민도 지지하는 정당에 따라 둘로 나뉘어 갈등이 생길 수 있고.

독일이나 프랑스 같은 나라는 세 개 이상의 정당이 경쟁하는 다당제를 채택하고 있어. 그만큼 선택의 폭이 넓고 다양한 의견, 특히 소수가 존중받을 수 있지. 대신 어느 한쪽이 강력하게 나라를 이끌기는 어렵겠지?

우리나라는 양당제에 가깝다고 볼 수 있어. 국회 의원들 소속 정당을 따지면 다당제이지만, 양쪽으로 나뉜 두 개의 정당이 압도적으로 많은 숫자를 차지하거든. 대통령도 지금까지 둘 중 한 정당에서만 뽑혔어.

따라서 자연스레 양당제의 장단점이 나타났고, 정당의 자유보다는 공적인 지위가 강조되었어. 양당이 번갈아 가면서 권력을 차지하니까 정당 자체가 국가 기관처럼 운영된 거지. 고체와 액체의 성격을 모두 가진 슬라임보다 고체 형태의 블록에 가깝다고 할까. 당원이나 국민의 목소리에 귀를 기울이는 대신 대표와 지도부를 따르는 위계질서를 앞세우기 쉬워졌지.

권력을 두고 양쪽이 이기고 지는 일이 반복되면서 대립도 잦아졌어. 대표적으로 '보수', '진보'라면서 나뉘어 다투는 모습을 민주도 봤을 거야. 여기에 특정 지역 출신들끼리 가깝게 지내는 지역주의가 더해지기도 하고, 특정 학교 출신이나 연령대에 따라 뭉치기도 하지. 다양한 의견을 주고받는 대신 양쪽으로 나뉘어 서로를 밀어내는 거야.

그래서 민주주의를 지키면서 이런 갈등을 어떻게 풀어 가야 할

변호사 아빠와 떠나는 '민주주의와 법' 여행

지 숙제가 생겼지. 해결은 정치인 몇몇이 아니라 민주주의의 주인인 국민의 몫이야. 민주주의 참 쉽지 않지?

언론은
'중간'과 '사이'에 있다!

민주 아빠 말을 들으니까 세상에서 제일 어려운 게 민주주의 같아요. 아빠, 저는 정치 관련 뉴스를 거의 인터넷으로 보는데요. 그

1969년 미국에서 한 소녀가
신문을 읽고 있는 모습

래서인지 언론이 국민의 정치 참여에 엄청 중요한 역할을 하는 것 같아요.

　그런데 같은 사건이나 현상을 두고 다른 말을 하는 경우도 많더라고요. 그래서 넘쳐나는 뉴스 속에서 어떻게 올바른 정보를 가려내야

할지 고민이 돼요.

아빠 언론은 새로운 사실을 알리고, 관련된 의견을 제시하기도 하지. 이에 따라 국민 사이에 일정한 여론이 만들어지고, 여론이 다시 언론을 통해 확산하면서 정치로 이어져.

언론이 사실을 파악하는 과정에서 정부에 대한 감시도 하기 때문에 언론에는 권력의 부정부패를 막는 기능이 있어. 이처럼 영향력이 크기 때문에 언론을 입법부, 행정부, 사법부에 이은 제4부라고 부르기도 한단다.

언론은 이렇게 사회적으로 중요한 역할을 맡고 있기 때문에 객관적이고 공정해야 하지. 언론을 가리키는 미디어Media가 무슨 뜻인지 아니? '중간' 또는 '사이'라는 뜻에서 나온 말이라고 해. 언론은 어느 한쪽에 치우치지 말아야 하고, 판단은 정보를 받아들인 사람의 몫이라는 거지. 언론에서 누군가 사람을 해쳤다는 사실을 전달하면, 그런 행위를 비난하고 강력하게 처벌해야 한다는 여론이 만들어지는 것처럼 말이야.

이런 과정은 당연해 보이지만 꼭 그렇지만은 않아. 언론을 이루는 것 역시 사람이기 때문이지. 저마다 세상을 보는 눈이 다른 만큼 무엇을 있는 그대로의 사실이라고 할지부터 쉽지 않거든.

식탁 위에 소고기 한 근이 있다고 생각해 보자. 고기를 좋아하는 사람은 먹음직스러운 스테이크 재료라고 하겠지만, 비건인 사람은 그저 잘린 고깃덩어리라고 하겠지. 이처럼 사실과 의견은 종종 떨어뜨리기 어렵단다.

사실만 전하더라도 수많은 일 중 어떤 것을 다루는가에 이미 의견이 들어가. '게이트 키핑Gate Keeping'이라는 용어가 있어. 이것은 여러 사건 중 보도할 가치가 있다고 판단하는 사실을 걸러내는 작업을 뜻한단다.

예를 들어 어느 학교에서 A, B, C라는 일이 일어났는데, 그중에서 B만 뉴스로 내보내는 거지. 그러면 그 학교에 다니지 않는 사람들에게는 B라는 사실만 존재해. 실제로 무슨 일이 있었는지와 달리 언론이 보여 주는 세상만 보게 되는 거지.

언론은 이에 그치지 않고 직접 의견을 내세우기도 해. 민주도 독서 시간이나 논술 시간에 사설이나 칼럼 같은 글을 본 적이 있지? 어떤 사안에 관해 유력 정치인이나 전문가의 의견을 싣기도 하지.

이는 사실을 전달하는 듯하지만, 언론과 의견을 같이하는 사람의 목소리를 빌리는 것뿐이야. 꼭 나쁘다고 할 수는 없지만, 언론이 어떤 의도를 가지고 그러는 거면 문제가 되지. 권력을 가진 누군가가 어떤 세력과 결탁해 원하는 방향으로 여론을 조작하려 들수 있거든.

이럴 경우에는 어떻게 해야 할까? 헌법은 이런 문제를 극복하기

변호사 아빠와 떠나는 '민주주의와 법' 여행

위해 제21조 제1항에서 언론·출판의 자유를 보장하고 있어. 다양한 사실과 의견이 자유롭게 펼쳐져야 중간이라는 '미디어' 역할을 할 수 있으니까. 이를 위해 제21조 제2항에서 정부가 언론을 허가나 검열이라는 수단으로 통제하려 들지 말라고 못 박아 놓기도 했어.

물론 이것으로 끝은 아니야. 우리 스스로도 정보의 균형을 찾으려는 노력이 필요하지. 포털에서 보여 주는 언론사 한두 곳의 뉴스만 읽고 그러려니 고개를 끄덕여서는 곤란해. 권위 있어 보이는 전문가의 말이라고 그저 따라서도 안 돼. 중요한 문제일수록 다양한 시각에서 바라보기 위해 노력해야 한단다.

물론 처음에는 귀찮고 힘들겠지. 그렇다고 손을 놓으면 자신도 모르는 사이에 주인이기를 포기하고 누군가의 뜻대로 끌려다닐 수 있어.

집회가
불편하기만 하다고?

민주 음, 앞으로는 아빠 말대로 인터넷 뉴스 한두 개만 보지 말고, 관련 내용을 더 찾아보거나 다른 의견도 없는지 자세히 봐야겠어요.

그런데 아빠, 뉴스에 집회 관련 소식도 자주 나오잖아요. 최근에는 집회할 때 촛불 대신 응원봉을 사용하기도 하고요. 제가 궁금한 건요. 헌법에서 집회의 자유를 보장한다고 알고 있는데 왜 그런 거예요? 물론 여러 주장을 이야기할 수는 있지만, 가끔은 심하게 도로도 막고 시끄럽게 굴기도 하잖아요.

아빠 아빠 생각에는 닭이 먼저냐 달걀이 먼저냐를 따지는 일 같

응원봉과 촛불을 켜고 집회에 참석한 시민들

아. 다양한 목소리가 자유롭게 어우러지는 게 민주주의의 기본이
잖아. 우리는 이미 만들어진 국가에서 갖춰진 제도 아래 살고 있지.

하지만 국가나 사회를 처음 만들어야 하는 상황이라면 어떨까?
혹시라도 선출된 대표들이 잘못을 저질러 제도가 무너졌다면? 국
민의 의견을 모으기 위해 집회의 자유는 필수적이겠지?

이런 정도까지는 아니더라도 정당이나 언론이 국민의 다양한
요구를 담아내지 못할 때가 있어. 현대 사회는 너무나 빠르게 변하
고 있거든. 불과 얼마 전까지도 '오버워치' 같은 게임에 전 세계가
빠져드는 일을 상상하기 어려웠지. 형태가 없는 가상 화폐에 엄청
난 돈을 투자하는 일도 그렇고. 이런 일들은 많은 사람의 이해관계

가 얽혀 있는 만큼 정치에 잘 반영해야 하는데, 정당이나 언론에서 자세히 모르고 있을 수도 있지.

　꼭 새로운 분야가 아니더라도 이런 일은 많아. 그래서 밖에서 보는 것만으로는 무엇이 필요한지 전부 알기 어려울 수 있지. 그럴 때 같은 처지의 사람끼리 뭉쳐 자신들의 이익을 위해 목소리를 높이는 거야. 그런 단체를 이익 집단이라고 한단다. 근로자의 이익을 대변하는 노동조합과, 마주하는 입장의 사업주를 위한 사용자 단체가 대표적이야. 기존에 있는 제도를 통할 수도 있지만, 그것만으로 잘 안 될 때 다양한 단체가 목소리를 낼 수 있도록 집회의 자유를 보장해야 하지.

　집회는 국가나 사회 전체의 이익을 위한다기보다 다양한 단체의 특수 이익을 위한 행동이기 때문에 불편하게 느껴질 수 있어. 하지만 뒤집어 생각하면 집회를 해서 국민의 관심을 받을 수도 있지. 자신들이 무슨 이야기를 하는지 듣게 만들고, 다른 사람들이 미처 알지 못했던 사실을 깨닫게 해 주니 말이야. 정당한 주장이라면 정치에 반영되기도 하고.

　게다가 특수 이익처럼 보여도 따지고 보면 사회 전체에 보탬이 되는 일도 많아. 이를테면 근로자가 안전한 환경에서 일하고, 일한 만큼 보상받도록 하는 게 그래. 사실 국민 대다수가 근로자의 위치에 있으니까 말이야. 장애인을 위해 휠체어가 이동하기 편한 길을 만드는 것도 마찬가지. 그 길에서는 유아차를 끌기도 좋을 테니까.

이런 일들은 한꺼번에 해결하기 어렵기 때문에 이익 집단이라는 형태가 계속 유지되는 것이기도 해. 이익 집단들은 변화하는 상황에 맞춰 다양한 의견을 제시하지. 정치를 맡은 대표들이 해당 분야에서 제대로 일하는지 누구보다 잘 감시할 수도 있고. 전문성을 갖춘 만큼 정부나 정당이 부족한 점을 보충해 줄 수도 있어.

처음부터 특정 집단의 이익이 아니라 공익을 내세우는 단체도 있어. 환경 오염을 감시하고, 등하굣길이 안전하도록 정비하고, 혼란을 겪는 청소년에게 도움을 주는 등 여러 분야에서 자발적으로 모이는 시민 단체들이야.

이들은 기존의 제도가 미처 돌보지 못하는 곳들을 살피고, 대표들의 관심을 새로운 분야로 이끌기도 하지. 우리가 일상에서 맞닥뜨리는 문제들을 해결하는 과정에서 국민에게 정치와 개인의 삶이 밀접하게 맞닿아 있다는 사실을 느끼게 해 주는 거야. 이러한 활동들이 모두 정치에 참여할 수 있는 방법이란다.

오늘의 방문 (오후 3시)

대한민국 국회

여러분은 이런 이야기를 들어 본 적이 있을까요? 우리나라 국회 의사당은 사실 로봇 태권V의 비밀 기지라는 이야기 말이에요. 위기가 닥치면 둥그런 돔이 열리고 태권V가 출동한다고 합니다.

이 이야기는 딱히 근거가 있다기보다 본관의 생김새 때문에 생겼는데요. 재미있는 사실은 2011년에 돔이 열리고 위풍당당하게 태권V가 등장하는 행사가 열리기도 했다는 것입니다. 물론 특수 효과로 만들어 낸 것이지요.

지하철 9호선 국회 의사당역 6번 출구로 나오면 바로 국회2문입니다. 처음 찾는 사람이라면 일단 국회의 규모에 압도당할 텐데요. 무려 10만 평, 여의도 전체의 8분의 1가량을 차지하고 있습니다.

대한민국 국회 의사당 전경

　문을 들어서면 본관까지 잔디 마당이 펼쳐져 있는데요. 서울 도
심에서는 좀처럼 찾아보기 힘든 넓은 공터입니다. 본관 역시 아시
아에 있는 의사당 건물 중 가장 큽니다. 태권V는 아닐지언정 어떤
비밀 기지라고 해도 믿을 만한 광경이지요.

　아무나 드나들 수 없는 곳처럼 보이지만, 국회 의사당은 국민 모
두를 위한 곳입니다. 따라서 누구나 편하게 이용할 수 있어야 할
텐데요. 아쉽게도 그런 친절함은 부족합니다. 대표적으로 정문에
서 본관까지 600m 정도 되는데요. 그늘 한 점 없는 아스팔트 길입
니다. 여의도 국회 전체가 사람이 아닌 자동차를 중심으로 만들어
졌기 때문입니다.

　국회 의사당은 1975년에 문을 열었는데요. 당시는 지금과는 달

리 정부가 국민에게 권위를 내세우던 시절이었습니다. 국회 의원 역시 국민과 함께 걷지 않는 '높은 사람'이었지요.

물론 지금의 국회는 언제든지 자유롭게 이용할 수 있습니다. 과거를 어떻게 극복하고 오늘을 일궈 왔는지 역사를 담고 있기도 한데요. 각종 자료와 기념물을 전시하고 있는 헌정 기념관이 있습니다. 이곳에서는 대한민국 임시 정부의 입법 기관이었던 임시 의정원 시절부터 지금에 이르는 기록을 만날 수 있습니다. 현재 국회의 운영 방법과 구성을 비롯해 다른 나라 의회들에 관해서도 알아볼 수 있고요.

가장 중요한 본관은 국회 의원들의 업무 공간이기 때문에 예약해야 볼 수 있습니다. 돔 아래에는 아쉽지만 태권V는 없고요. 중앙 홀이 있습니다. 다양한 국민의 뜻이 국회로 둥글게 모인다는 상징입니다.

본관에서는 TV 화면에서 자주 보았을 본회의장이 가장 핵심일 텐데요. 이곳은 국회 의장석을 중심으로 국회 의원들이 반원 형태로 둘러앉아 법안을 논의하고 표결하는 장소입니다. 4층 방청석에서 그 모습을 직접 볼 수 있습니다.

300명의 국회 의원이 모여 때로는 서로를 향해 언성을 높이기도 하면서 법을 가다듬고, 나라 예산을 셈하고, 행정부를 견제하고 있습니다. 그 자리에서 정해지는 하나하나가 국민의 삶에 크나큰

변호사 아빠와 떠나는 '민주주의와 법' 여행

영향을 끼치지요. 그래서인지 직접 가 보면 그들을 뽑는 일에 신중해야겠다는 생각이 절로 든답니다.

  머리가 묵직해지면 건물 밖으로 나와 경내 이곳저곳을 산책해도 좋습니다. 의원 동산에는 '사랑재'라는 멋진 한옥도 있거든요.

정보도 편식할 수 있다?

　민주주의는 다양한 의견을 자유롭게 주고받으며 합리적인 결론을 찾아가는 과정입니다. 따라서 의견을 가지기 이전에 정확한 사실부터 알아야 할 텐데요. 요즘은 누구나 쉽게 필요한 정보를 접할 수 있는 시대입니다. 그 덕분에 민주주의를 활짝 꽃피우고 있는 것일까요?

　글쎄요. 정보가 지나치게 넘쳐나는 탓인지 오히려 올바른 정보를 파악하기 어렵습니다. 너무 다른 생각 때문에 대화와 토론이 이루어지기도 힘듭니다.

　누구나 이런 경험이 있을 것입니다. 유튜브에서 게임에 관한 정보를 몇 차례 검색합니다. 그러자 뒤로는 비슷한 내용이 줄을 짓습니다. 별생각 없이 이어서 보다 보면 어느 순간 게임 정보로만 화면이 채워지지요.

　음악을 좋아하는 친구, 스포츠에 열광하는 친구 모두 그런 일을 겪습니다. 똑같은 검색어를 넣어도 평소 자주 찾은 콘텐츠에 맞춰 다른 결과를 내놓습니다. 같은 유튜브를 보고 있는데, 사실은 서로 다른 세상에 살고 있는 거예요.

이는 이용자의 검색 기록, 개인 정보, 성향 같은 것들을 참고해 사이트 운영자가 맞춤형 정보를 제공하기 때문인데요. 편리한 면도 있지만, 실상은 자신의 생각이 아니라 기계가 보여 주는 대로 보게 되는 것입니다. 입에 맞는 것만 먹는 것처럼 정보에 대한 편식으로 이어지는 것이지요.

미국의 온라인 시민 단체 활동가 일라이 패리저는 이런 현상을 '필터 버블Filter Bubble'이라고 이름 붙였는데요. 거품 속에 갇혀 진짜 세상을 모르게 된다는 것입니다. 편식이 건강을 해치게 되는 것처럼 편향된 정보가 균형 잡힌 사고를 가로막는 것이지요.

온라인에서는 비슷한 일들이 쉽게 일어나는데요. 또래들이 많이 찾는 커뮤니티나 SNS에서 재미있는 콘텐츠를 접하고, 그곳에 달린 의견들에 공감합니다. 다들 비슷한 이야기를 하니까 당연히 그러려니 하고요. 어쩌다 다른 생각이 들더라도 괜히 찍히기라도 할까 싶어 그냥 넘어갑니다.

그러는 사이 그 커뮤니티에서 주고받는 정보와 의견을 진실인 것처럼 받아들이게 됩니다. 진실인지 아닌지도 모른 채 오직 한 방향만 바라보게 되는 것이지요.

자신도 모르는 사이 확증 편향에 빠져 버리는 것입니다. 그러면 다른 사실이나 의견에 대해서는 아예 존재하지도 않는 것처럼 무시하게 됩니다. 이 사람 말은 무조건 옳고, 저 사람 이야기는 들을 가치도 없다는 식으로요.

그나마 어느 정도 검증된 정보를 바탕으로 하면 다행인데요. '가짜 뉴스'를 사실로 믿으면 정작 알아야 할 것들을 놓칠 수 있습니다.

확증 편향을 가진 사람들 사이에서는 대화와 타협의 여백이 생기기 어렵겠지요. 서로를 이해할 수 없으니 갈라져서 손가락질만 합니다. 개인적으로는 건강한 가치관을 가지기 어려워지고요. 사회는 갈등과 분열로 가득 찹니다. 어떻게 하면 이런 일을 막을 수 있을까요?

다른 무엇보다 스스로 생각하는 습관을 지녀야 합니다. 주어지는 그대로를 받아들이기보다 과연 진실인지 아닌지 질문을 던지는 것입니다. 답을 얻기 위해서는 마음에 들어 보이는 내용뿐만 아니라 그렇지 않은 내용도 들여다보고요.

유튜브나 커뮤니티에서 무언가를 단정 짓고 이러쿵저러쿵 의견을 보태기 전에 사실인지부터 확인합니다. 자신의 생각에 대해 주체적일 수 있도록 말이에요. 그렇지 않으면 누군가가 조종하는 대로 꼭두각시처럼 끌려다닐 수 있습니다.

생각거리 1 학생 입장에서 정당, 단체 혹은 언론을 통해 반영하고 싶은 정책은 어떤 것이 있을까요?

_____

_____

_____

_____

_____

_____

생각거리 2 여러분은 유튜브, 포털, SNS 등 주로 어떤 매체를 통해 뉴스를 접하고 있는지, 그리고 그것을 통해 균형 잡힌 정보를 얻고 있는지 점검해 봅시다.

_____

_____

_____

_____

_____

_____

소중한 한 표의 무게
-선거와 선거 제도

여행 다섯째 날, 저와 민주의 발걸음은 여느 때보다 묵직합니다. 오늘은 서울시 강북구에 있는 국립 4·19 민주 묘지를 찾아 참배하기로 했거든요. 도대체 어떤 일이 있었기에 그렇게 많은 분이 목숨을 바쳤는지 쉽게 상상이 가지 않습니다. 민주나 저나 그 시대를 겪지 않은 건 마찬가지인데요. 그래서 오늘은 다른 날보다 훨씬 진지하게 선거권에 관해 고민해 볼 계획입니다.

중고등학교 교과서 연계 단원

중학교 사회

- - - - - - - - - - - - -

10 정치 과정과 시민 참여
선거와 선거 제도

고등학교 정치와 법

- - - - - - - - - - - - - - - - - - - -

3 정치 과정과 참여
선거와 선거 제도

투표는
학교 시험이다?

민주 아빠, 민주주의를 지키기 위해서 꼭 투표권을 행사해야 한다고 강조하셨잖아요. 선거철이 되면 '소중한 한 표'라는 말도 많이 들고요.

그래서 찾아봤더니 이제 18세면 투표할 수 있더라고요. 저도 곧 투표권이 생기고, 아빠 영향을 받아서인지 관심이 가는데요. 모든 사람이 저 같지는 않을 것 같아요. 아직 정치에 관심이 없을 수도 있고, 딱히 마음에 드는 후보가 없을 수도 있으니까요. 그런 사람이라면 투표하지 않는 것도 권리가 아닐까요?

아빠 선거는 나를 대신해 국가를 운영할 대표를 투표로 뽑는 일

이야. 대의제 민주주의의 시작이기 때문에 '민주주의의 꽃'이라고
도 하지.

선거의 4대 원칙에 대해 들어 본 적이 있니? 재산, 학력, 성별에
관세없이 일징 나이 이상이면 선거권을 가지는 보통 선거의 원칙,
모든 유권자는 똑같이 한 표를 행사할 수 있다는 평등 선거의 원
칙, 다른 사람에게 맡기지 않는 직접 선거의 원칙, 간섭받지 않도
록 투표 내용을 주변에서 알 수 없게 한 비밀 선거의 원칙이지.

이러한 원칙들이 얼마나 중요한지 가까운 과거를 예로 들어 볼
게. 제21대 국회 의원 선거 때 처음으로 투표권을 가지게 된 18세
유권자는 약 54만 명 정도였고, 제20대 대통령 선거에서 18~19세
유권자는 98만 명이었어. 당락은 0.73%, 24만 표가량 차이로 갈렸
지. 청소년들의 선택으로 대통령이 달라질 수 있었던 거야.

따라서 '소중한 한 표'는 그저 말에 그치는 게 아니란다. 투표는
자신이 국가의 주인임을 느낄 수 있는 기회이고, 선거 과정에서 후
보들이 밝힌 공약 중 국민이 원하는 정책을 선택할 수 있는 시간
이야. 그동안 일을 맡긴 대표들이 정치 활동을 잘해 왔는지 평가하
고, 결과에 따라서 한 번 더 일을 맡기거나 다른 사람으로 바꿀 수
있지.

기존 대표들은 선거철마다 그동안 해 온 노력을 부각하고, 새롭
게 나선 사람은 자신이 더 잘할 수 있다고 호소해. 따라서 국민은

선거 기간에 대한민국에 필요한 일이 무엇인지 살펴볼 수 있어. 그동안 제대로 돌아보지 못했더라도 말이야.

시험 기간과 비슷하다고 하면 이해가 더 쉬우려나? 어제 정치 과정이 어떻게 이루어지는지 이야기해 준 것 기억나니? 국민의 요구를 받아서 그에 맞는 정책을 내놓고, 다시 그에 관한 평가를 듣는다고 했잖아. 선거를 통해 그런 순환이 가장 핵심적으로 이루어지는 셈이지.

더 많은 사람의 지지를 이끌어 내기 위해 노력하는 것이 정치야. 유권자들은 열심히 공부해 투표라는 답안을 써내지. 어떤 후보를 뽑느냐에 따라 시험 성적이, 다시 말해 국민의 삶이 달라지는 것이란다.

청소년이라고 예외는 아니겠지. 집값이나 일자리와 관련한 정책들은 가까운 미래에 민주 또래의 문제가 되니까. 최저 임금은 아르바이트를 할 때 바로 적용되고. 대학 입시나 교육 과정처럼 당장 필요한 정책들도 있겠지.

모두 투표를 통해 정치 과정에 투입하지 않으면 산출되지 않는 것들이야. 청소년 유권자들의 투표율이 낮으면 청소년을 위한 정책을 개발하려는 노력도 줄어들겠지.

설령 지지하는 후보가 당선되지 않더라도 투표가 헛되지는 않

변호사 아빠와 떠나는 '민주주의와 법' 여행

아. 그 사람이 얻은 표만큼 그의 정책을 원하는 사람들이 있다는 뜻이니까. 이번에 당선된 사람 역시 다음을 위해 그런 목소리들을 반영하려고 할 거야.

하지만 투표하지 않으면 유권자들이 무엇을 원하는지 누구도 알 수 없겠지. 그래서 투표하지 않는 것은 적극적으로 권리를 행사하는 일이 아니야. 자신이 원하지 않는 일을 겪더라도 불평할 수 있는 자격을 포기하는 셈이니까.

오늘의 대화 (오전 11시)

어디서 뽑을까?

민주 투표를 꼭 해야겠다는 생각이 드네요. 이왕이면 공부를 열심히 해서 제일 좋은 성적을 받고 싶기도 하고요.

또 궁금한 게 있는데요. 선거할 때 지역은 어떻게 정하는 거예요? 시, 군, 구로 나누어져 있기는 한데 지역마다 사정이 다르잖아요. 예를 들어 우리 가족이 사는 서울이라는 대도시랑 할머니가 계시는 지방 소도시는 뭔가 다른 거 같아서요.

아빠 각종 선거에서 대표를 뽑는 단위를 선거구라고 한단다. 선거 때마다 어떻게 정할 건지 중요한 이슈로 떠오르지. 기본적으로 생각해 볼 수 있는 건 인구, 행정 구역, 지역민들 사이의 동질감 같

변호사 아빠와 떠나는 '민주주의와 법' 여행

은 거야.

우선 얼마만큼의 크기를 하나의 선거구로 삼을 건지 생각해 보자. 이에 따라서 소선거구제와 중대선거구제로 나누어지거든.

좀 더 알기 쉽게 설명해 볼까? 민주네 학급, 조금 더 넓혀서 민주네 학교, 조금 더 넓혀서 이웃 학교 서너 곳에서 대표를 뽑는다고 해 보자.

같은 반 친구들끼리는 잘 아니까 투표를 치르기 전부터 인기 있는 사람이 정해져 있겠지? 조용하던 친구가 갑자기 후보로 나서기는 힘들 거야. 그리고 후보자 숫자가 적을 테니 두세 명 중에서 한 사람을 뽑겠지. 당선된 친구는 학급에 무슨 일이 필요한지 이미 알고 있을 거고.

이런 상황을 소선거구제라고 볼 수 있어. 딱 한 사람만 뽑으니 떨어진 후보에게 투표한 사람은 표의 가치를 느끼기 힘들 수 있어. 소수가 목소리를 내기도 어려울 거고.

그런데 학교로 넓히면 상황이 달라지지. 우선 전체 학생이 알 정도로 유명한 후보자는 거의 없을 거야. 어떤 후보자가 자기 반에서는 인기가 없는데, 선거를 치르며 다른 반에서 표를 많이 받는 일도 가능하겠지. 후보들은 이 반, 저 학년 찾아다니느라 힘들 거야.

유권자로서는 다양한 후보가 있으니까 좋지만, 누구를 찍을지 고민도 클 거야. 후보자가 많으니까 두 명 이상이 대표가 될 수도 있지.

이런 상황은 중대선거구제를 나타내. 대표가 여럿이니까 자기가 투표한 사람이 당선될 가능성이 크겠지. 따라서 다양한 성향의 대표가 나올 수 있을 거야. 대신 같은 대표라고 해도 받은 표의 숫자가 다르다는 차이는 있지.

실제 정치에서 소선거구제는 조금 더 어려운 문제를 안고 있어. 정당이 후보를 추천하기 때문이야.

단순하게 A, B 두 개의 정당이 있다고 해 보자. 또 모든 선거구에서 A당 후보들이 51%로 당선되었다고 해 보자. 이는 절반에 가까운 49%가 B당의 정책을 원했다는 뜻이기도 해. 이런 상황에서 온전한 대의제가 이루어질 수 있을까?

선거에서는 이보다 훨씬 복잡한 상황들이 생긴단다. 정당은 A를 지지하지만 좋아하는 후보는 B 정당 소속이라는 식으로 말이지.

또한 작게 쪼개다 보니 아무래도 선거구마다 인구 차이가 나기 마련이야. 어떤 곳에서는 10만 명 가운데 한 사람을 뽑는데, 다른 지역은 20만 명 가운데 한 사람을 뽑을 수 있지. 표의 가치가 달라지는 불평등한 투표가 되어 버린 거야. 참고로 우리나라는 지역구에 따른 인구 차이가 2대 1을 넘지 못하도록 하고 있단다.

이런 문제를 극복하기 위해서 중대선거구제를 채택하자는 주장이 나오는데, 그 역시 나름의 문제가 있어.

변호사 아빠와 떠나는 '민주주의와 법' 여행

아까 예로 든 것처럼 학교 전체를 묶었더니 1학년과 3학년이 각각 똘똘 뭉쳐 자기주장만 내세운다고 해 보자. 다시 말해서 작은 단위로 '우리 동네'만 강조하는 지역주의가 나타날 수 있다는 거야. 규모가 크니까 한 정당이 같은 선거구에 여러 후보를 낼 수 있고, 유명인이 많은 정당이라면 싹쓸이를 할 수도 있지. 정책 대신 인물만으로 대표가 될 수 있는 거야.

오늘의 대화 (오후 1시)

어떻게 뽑을까?

민주 평등하고 가치 있게 투표하기. 생각보다 어려운 문제네요. 중대선거구제로 두 명 이상을 뽑으면 투표도 두 명 이상 하도록 하면 되지 않을까요? 후보가 많으면 얻은 표는 달라지기는 하겠네요. 그래도 자기가 어떤 정당을 지지하는지 알리고 싶다면, 투표를 따로 하면 되는 거 아닐까요?

아빠 민주가 열심히 고민해 주니 아빠가 힘이 나는구나. 유권자인 국민의 뜻을 조금이라도 더 정확하게 반영하기 위해 여러 방법이 제시되고 있어. 상대 다수 대표제에 따라서 가장 많은 표를 받은 사람을 당선시키면 간단하기는 한데, 후보들이 많으면 곤란한

변호사 아빠와 떠나는 '민주주의와 법' 여행

상황이 생길 수 있어.

이를테면 다섯 명이 후보로 나섰는데 1등이 30%의 지지를 받았다고 해 보자. 그러면 70%가 1등을 찍지 않은 거잖아. 당선은 되었지만 국민이 따라 주지 않으면 국가를 운영하기 힘들겠지.

이런 일을 막기 위해서 절대 다수 대표제에 따라 과반수를 확보해야 당선되는 방법도 있어. 과반수를 획득한 후보가 없으면 결선 투표제에 따라서 1, 2등을 대상으로 한 번 더 투표할 수 있고. 선호 투표제에 따라서 한 사람만 찍지 않고 모든 후보를 좋아하는 순서대로 투표하기도 해. 어느 방법이든 아무래도 선거에 필요한 비용은 늘어나겠지.

후보가 아니라 정당을 지지하는 표로 대표를 뽑는 방식을 비례 대표제라고 해. 한 사람을 뽑는 소선거구제에서 당선자를 내지 못한 정당이라도, 전체 선거를 통틀어 얻은 지지율로 의회에 자리를 얻을 수 있는 거지.

비례 대표제를 통해서 소수당이 의회에 진출할 기회가 늘어나고, 그만큼 국민에게 다양한 선택권을 줄 수 있어. 대신 의석수를 나누어 가지는 계산이 복잡해질 거야. 다양한 소수 정당이 의회 안에 있으면 정치적 타협을 이끌어 내기 어려울 거고.

우리나라 역시 비례 대표제를 도입하고 있어. 한동안은 지역구 후보자가 얻은 표를 바로 정당에 대한 지지라고 계산했단다. 그러다 보니 정당과 후보를 다르게 지지하는 유권자의 뜻을 반영하지 못했지. 정당 소속이 아닌 후보에게 투표하면 표의 가치가 달라지는 셈이니까. 그래서 지금은 정당 투표를 별도로 하고 있어.

비례 대표 역시 논쟁거리가 없는 건 아니야. 지역구에서 뽑는 국회 의원이라면 당연히 해당 지역의 유권자들을 대표하겠지? 지역 주민에 관해서도 잘 알고, 필요한 정책 개발에도 힘을 쓸 거야.

이에 반해 비례 대표는 정당에서 추천한 후보라서 특정 지역과는 무관해. 물론 국회 의원은 국가 전체를 운영하는 법을 만든다는 점을 강조하면 상관없을 거야. 지역 문제에 관해서는 지방 자치 단체, 지방 의회가 따로 있기도 하고.

하지만 국가 전체 사업이라도 지역의 이해관계를 대변해 줄 사람이 필요하다는 데 초점을 맞추면 상관없지는 않지. 이를테면 고속도로나 철도가 어디를 지나도록 할지 정하는 일이 그렇단다. 지역을 대표하는 사람이 없다면 주민들에게 불편한 곳에 길이 뚫릴 수도 있으니까.

🖋 우리나라의 선거 제도

어디서, 어떻게 뽑더라도 장단점이 있어. 그래서 각종 선거 때마다 국민의 뜻을 최대한 받아들일 방법을 놓고 사회적 논쟁이 벌어지지. 일단 대통령 선거는 나라 전체가 하나의 선거구니까 간단해.

변호사 아빠와 떠나는 '민주주의와 법' 여행

5년마다 한 번씩 국민이 직접 상대 다수 대표제로 뽑으면 되지.

국회 의원 선거는 4년마다 한 번씩 열려. 지역구 의원은 소선거구에서 한 사람을 뽑는 상대 다수 대표제란다. 그러다 보니 후보들의 관심이

그리스 신화에 나오는
괴물 샐러맨더를 닮은 선거구

선거구를 어떻게 정하는지에 집중돼.

태어나서 자란 곳, 학교에 다닌 곳처럼 가까운 사람들이 많은 데 출마하면 아무래도 유리하잖아. 행정 구역으로 따지자면 이 동네는 빼고 저 동네는 포함해 선거구를 만들고 싶겠지.

게리맨더링Gerrymandering이라는 말이 있어. 미국의 주지사였던 엘브리지 게리가 다음 선거에서 자신에게 유리하도록 이 지역, 저 지역을 조합해 선거구를 만들었는데, 지도로 보니 그리스 신화에 나오는 괴물 샐러맨더Salamander를 닮아서 이를 비꼬기 위해 부른 말이야.

우리나라는 이러한 상황을 막기 위해서 선거구 법정주의에 따라 법률로 선거구를 정해. 국회 의원들의 합의를 거치는 만큼 특별히 누구를 위한 선거구를 만들지 못하는 거지.

물론 이에 대해서도 반론은 있어. 각 정당이 조금이라도 자신들에게 유리하도록 다투느라 시간이 오래 걸리거든. 또 특정한 사람을 위하지는 못하더라도 현역 의원들이 다음 선거에 편한 쪽으로 선거구를 조정하는 일은 피하기 어려워. 그래서 아예 선거구를 정하는 별도의 기구가 있어야 한다는 목소리도 있단다.

선거마다 300명의 국회 의원 중 50명가량을 비례 대표로 뽑아. 지역을 대표하는 일과 정당을 대표하는 역할을 적절히 조화하기 위해서지.

우리나라는 지역구 후보에 한 표, 지지하는 정당에 한 표를 투표하도록 하고 있어. 각 정당은 미리 순위를 정한 비례 대표 후보 명단을 만들어 놓고, 정당에 대한 투표로 얻은 비율에 따라 순위대로 국회 의원이 되는 거야. 이를 다른 말로 정당 명부식 비례 대표제라고 한단다.

한편 모든 정당은 여성 할당제에 따라 후보 순위의 홀수는 여성으로 공천하도록 법으로 정해 놓았어. 국민 절반에 해당하는 여성의 목소리를 적극적으로 반영하기 위해서지.

1995년부터 실시하는 지방 선거 역시 4년마다 직접 선거로 치러진단다. 광역과 기초 지방 자치 단체장, 광역 의회 의원, 기초 의회 의원, 교육감을 뽑지.

서울 종로구에 살고 있다면 서울특별시 교육감, 서울특별시장,

종로구청장, 서울시의회 의원, 종로구의회 의원 후보에게 투표하고 시의회, 구의회는 비례 대표가 따로 있으니 전부 7표를 찍어야해. 많아 보일 수도 있지만 4년에 딱 한 번 치르고, 결과에 따라 삶이 달라질 수 있으니 꼭 참여해야겠지?

오늘의 방문 (오후 2시)

국립 4·19 민주 묘지

"유구한 역사와 전통에 빛나는 우리 대한 국민은 3·1 운동으로 건립된 대한민국 임시 정부의 법통과 불의에 항거한 4·19 민주 이념을 계승하고……."

우리나라 헌법은 이렇게 시작합니다. 우리 민족은 1919년 3·1 운동으로 일본의 식민 지배를 거부하고 독립을 선포했습니다. 대한민국의 출발입니다. 1960년에는 부정 선거를 저지른 정부에 맞서 4·19 혁명을 일으켰습니다. 국가란 곧 국민, 권력의 주인은 국민이라는 민주주의의 기본을 바로 세운 것이지요.

그날을 기억하기 위해 서울시 강북구에 국립 4·19 민주 묘지가

변호사 아빠와 떠나는 '민주주의와 법' 여행

국립 4·19 민주 묘지에 있는 수호자상과 기념탑

조성되었습니다. 북한산 자락 아래 넓은 부지에 기념탑과 기념관, 분향소와 조각상 등이 자리 잡고 있는데요. 입구에서 중앙에 자리 잡은 상징문까지는 광장과 연못, 산책로가 있는 공원으로 꾸며졌습니다. 고귀한 희생으로 되찾은 민주주의 덕분에 누리고 있는 오늘처럼 말이지요.

계단을 올라 좌우 다섯 개씩의 철탑으로 만들어진 상징문을 지나면 '사월 학생 혁명 기념탑'과 분향소가 있습니다. 뒤편 묘지에는 부정한 권력과 싸우다 목숨을 바친 희생자들이 잠들어 있고요.

묘지를 가로질러 유영봉안소에 들어가면 희생자 한 분 한 분과 얼굴을 마주할 수 있습니다. 서울에서만 130여 명이 목숨을 잃었는데요. 흑백 사진으로 만날 수 있는 그들 상당수는 앳된 얼굴의 학생입니다.

무엇이 그들에게 젊은 날을 바치도록 만들었을까요? 참배를 마치고 나오는 입구 쪽 '4·19 혁명 기념관'이 그날을 전하기 위해 기다리고 있습니다.

1960년 3월 15일 대한민국 제4대 대통령 선거가 치러졌습니다. 초대 대통령이었던 이승만은 헌법까지 고쳐 가며 이미 세 번이나 권력을 잡고 있었는데요. 국민은 다시 그를 대통령으로 원하지 않고 있다는 사실이 명백했지요.

이에 경찰을 비롯한 공무원, 조직 폭력배까지 동원한 부정 선거가 일어났습니다. 40% 사전 투표, 세 사람 혹은 다섯 사람을 한 조로 묶는 공개 투표를 하도록 한 것이지요.

여당에서는 야당 참관인을 쫓아냈고, 국민은 투표용지를 투표함에 넣기 전에 여당 참관인에게 보여 줘야 했어요. 집권 세력은 심지어 가짜 투표용지를 만들어 무더기로 투표함에 부어 넣기까지 했습니다.

국민은 가만있지 않았습니다. 선거 날 오후부터 부정 선거를 꾸짖는 시위가 전국에서 일어났습니다. 마산에서는 고등학생인 김주열이 시위에 참가했다가 실종되었는데요. 그는 안타깝게도 27일이 지난 뒤에야 마산 앞바다에서 차가운 시신으로 떠올랐습니다.

변호사 아빠와 떠나는 '민주주의와 법' 여행

이 사건으로 대한민국 전체가 분노로 들끓었습니다. 4월 18일에는 고려대학교 학생들이, 4월 19일에는 10만 명을 넘어선 시민과 학생이 서울 시내 곳곳에서 민주주의를 외쳤습니다.

국민의 열기는 많은 희생자와 부상자가 나와도 움츠러들지 않았고요. 더는 버티지 못한 이승만은 마침내 4월 26일 자리에서 내려왔습니다. 국가를 운영하는 권력은 국민으로부터 나온다는, 선거를 통해 맡겨 놓았을 뿐이라는 원칙은 이처럼 힘들게 지켜졌습니다.

'민주주의의 꽃'은 이처럼 수없이 흘린 피에서 피어났습니다. 따라서 대한민국 국민이라면 이렇게 힘들게 얻어 낸 투표권을 쉽게 포기해서는 안 될 것입니다.

광장에서 온라인까지

1987년 지금의 헌법을 만들 무렵에는 예상할 수 없었던 지역구가 생겼습니다. 과학 기술의 발달이 문을 연 온라인입니다.

손에 들고 있는 스마트폰으로 접속하는 순간 물리적인 공간의 제약은 사라집니다. 대한민국의 국경조차 보이지 않지요. 고정된 시간도 없이 수많은 사람이 실시간으로 정보를 주고받고 있습니다.

이는 민주주의의 상징인 광장의 새로운 모습일 수도 있는데요. 정치에 가져온 변화 역시 큽니다.

민주주의는 다양한 의견을 자유롭게 주고받으며 현실에 드러나는데요. 이를 위해 필요한 정보를 얻기 쉬워졌습니다. 더 이상 신문이나 TV 뉴스라는 전통적인 매체에만 의존할 필요가 없습니다. 유튜브, SNS, 포털과 각종 커뮤니티에서 끊임없는 정보가 쏟아져 나옵니다.

정치인 입장에서는 국민에게 자신의 의견을 전달할 수 있는 통로가 훨씬 많아졌습니다. SNS에 글을 쓰고, 유튜브 채널을 운영할 수 있습니다. 기자 회견 대신 라이브 방송을 하며 직접 정치적·사회적 이슈에 관한 목소리를 높일 수 있습니다. 유권자들은 관심 있는 분야에 대한 공약과 정책을 보나 깊이 있게 알 수 있습니다.

온라인이 더욱 중요한 이유는 일방통행에 그치지 않기 때문입니다. 국민 한 사람 한 사람이 댓글과 공감 등을 통해 자신의 의견을 밝힐 수 있습니다. 정치인과 유권자, 또는 유권자들끼리 정치적 이슈를 놓고 토론할 수도 있습니다. 정치인이나 언론 매체가 아닌 개인이라도 많은 사람의 지지를 얻으면 커다란 영향력을 발휘하기도 합니다.

직접적으로 과학 기술과 결합할 수도 있을 것입니다. 지금은 국민이 몇 년마다 한 번씩 열리는 선거를 통해 간접적으로 정치적 의사 결정에 관여합니다. 온라인으로 투표하면 비용이나 노력을 대폭 줄일 수 있을 것입니다. 보다 자주, 직접적으로 유권자의 뜻을 반영할 수 있습니다.

선거 운동 방식도 많이 달라지겠지요. 유권자의 관심 영역에 맞춰 개별적으로 공약을 전달할 수 있을 것입니다. 온라인 토론회를 열고 유권자들과 소통할 수 있습니다. 각종 데이터를 조합해 상대 후보와 비교해서 장단점을 강조하는 일도 쉬워질 것입니다.

걱정되는 일도 있습니다. 너무 많은 정보가 쏟아지다 보니 진짜와 가짜를 구별하기 쉽지 않습니다. 올바른 사실을 파악하지 못한 채 왜곡된 의견을 주장할 수 있습니다.

비슷한 생각을 가진 사람들끼리 특정 커뮤니티에 모이다 보면 비판적인 의견을 무시하게 되기도 합니다. 다양한 정보를 찾아볼 능력이 없으면 더욱 쉽게 편견에 사로잡힐 수 있습니다. 앞서 살펴본 '필터 버블' 현상이 그런 경향을 더욱 부추기겠지요.

온라인 시대는 현실 정치에서도 이미 시작되었습니다. 많은 가능성과 함께 문제점도 품고 있습니다. 게다가 새로운 현상을 반영한 법과 제도는 아직입니다. 헌법부터 바꾸어야 할 수 있습니다. 차가운 디지털이 아니라 사람의 온기를 전하는 온라인으로 만들기 위한 고민이 필요합니다.

생각거리 1 우리나라는 많은 사람이 한꺼번에 모여 의견을 나누기 어렵기 때문에 대의제 민주주의를 채택하고 있습니다. 온라인 덕분에 시공간의 제약이 완전히 사라진다면 직접 민주주의로 바꿀 수 있을까요?

생각거리 2 여러분이 살고 있는 선거구를 대표하는 정치인들은 누가 있는지, 그들은 지역을 위해 어떤 노력을 하고 있는지 알아봅시다.

떡볶이 속
'민법' 맛보기
-민법의 이해

여섯째 날 민주는 은근히 신이 났습니다. 어제까지는 정치와 관련한 묵직한 주제를 다루느라 제법 힘들었는데요. 오늘은 일상생활을 다루는 민법에 관해 알아보기로 했거든요. 게다가 경제 활동의 중심지인 대형 마트를 목적지로 삼았습니다. 법률관계에 관해 배운다는 핑계로 이것저것 점찍어 두었던 물건들을 사 달라고 하지 않을까 싶네요.

중고등학교 교과서 연계 단원

중학교 사회

- - - - - - - - - -

11 일상생활과 법
다양한 생활 영역과 법

재판의 종류와 공정한 재판

고등학교 정치와 법

- - - - - - - - - - -

4 개인 생활과 법
민법의 이해

재산 관계와 법

민법과
약속의 차이는?

민주 아빠, 오늘은 민법 이야기를 해 주신다고 했잖아요. 민법은 개인과 개인 사이에서 벌어지는 일들에 관한 법률이더라고요.

첫째 날 민주주의랑 법 이야기를 할 때 국가가 개인에게 이래라 저래라 하지 않는 것이 법이라고 하셨잖아요. 그러면 민법은 왜 필요한 거예요?

아빠 알아서 복습까지 하다니, 민주 정말 기특한걸? 오늘도 헌법 이야기로 시작해야겠네.

헌법 제119조 제1항에 따라 "대한민국의 경제 질서는 개인과 기업의 경제상의 자유와 창의"를 기본으로 해. 제23조 제1항에 따라 경제 활동을 통해 얻은 모든 국민의 재산권은 보장하지만, 그 내용과 한계는 법률로 정해야 하지. 또 제23조 제2항에 따라 개인의 재산권이라도 공공복리에 맞게 행사해야 해. 제119조 제2항에 따라 국가는 경제 민주화에 관한 규제와 조정을 할 수도 있단다.

대한민국이라는 나라의 가장 큰 틀은 헌법에 정해 놓았다고 했잖아. 헌법에 따르면 개인 마음대로 하라는 건지 말라는 건지 헷갈리지? 어디까지나 자유가 우선이야.

다만 자유란 다른 사람의 코앞까지만 주먹을 휘두를 수 있는 거라고 했잖아. 스포츠 경기마다 일정한 규칙이 있어서 선수들끼리 부딪히지 않고 경기장을 누빌 수 있는 것처럼 말이야.

민법은 주로 재산 관계와 가족 관계에서 지켜야 할 기준을 정하고 있어. 우선 커다란 원칙은 자유와 평등이라는 민주주의의 기본과 통해.

계약 자유의 원칙에 따라 누구든지 자유롭게 재화와 서비스를 공급하고, 그에 맞는 대가를 받도록 약속할 수 있지. 대등한 주체들 사이에서 이루어지는 자유 시장 경제 질서를 보장하는 거야. 또 소유권 절대의 원칙에 따라 그렇게 얻은 돈이나 물건은 누구의 간섭도 받지 않고 뜻대로 할 수 있어. 다만 과실 책임의 원칙에 따라 그런 과정에서 일부러 혹은 실수로 다른 사람에게 입힌 손해는 책임져야 하지.

네팔의 한 벽돌 공장으로 인한 대기 오염

　법은 개인들 사이에 끼어들지 않는 것이 원칙이야. 민법 제1편 총칙 중에서 제1장 '통칙', 그러니까 법 전체를 관통하는 원리가 제2조란다. 제1항에서는 "권리의 행사와 의무의 이행은 신의에 좇아 성실히 하여야 한다."라고 하지. 이를 신의 성실의 원칙이라고 해. 쉽게 말해 법률관계로 만들어 낸 개인들끼리의 약속을 잘 지키라는 뜻이야. 그러면 자유를 최대한 보장해서 더는 따지지 않겠다는 거지.

　물론 일상생활에서 일어나는 모든 약속이 법의 대상은 아니야. 민주가 생일 축하를 해 준 친구들에게 떡볶이를 사기로 했다고 치자. 약속을 지키지 않으면 친구들에게 불평 정도만 듣겠지?
　하지만 분식집에서 떡볶이 1인분을 주문하면 사장님과 법률관계가 생겨. 값을 지급해야 할 의무와 떡볶이를 받을 권리가 생기는 거지. 이를 어기면 법원에 가야 할 수 있어. 법률이나 국가가 강제로 개입할 수 있거든.

그런데 이처럼 개인의 자유를 보장한 덕분에 경제 규모가 엄청나게 커지고, 실질적으로 평등하다고 할 수 없는 관계들이 생겨났단다.

예를 들어 돈 많은 사람이 꼭 필요한 물건을 모조리 사들인 다음 두 배, 세 배로 되파는 일까지 자유랍시고 보장하면 안 되겠지? 이런 경우에는 계약 공정의 원칙에 따라 수정할 수 있어. 또 어떤 사람이 자기 땅이라면서 국립 공원을 마구 파헤치도록 할 수는 없잖아. 이런 경우에는 소유권 공공복리의 원칙으로 보충하지. 또한 환경 오염처럼 제품을 만드는 과정에서 생긴 문제일지라도 대기업이 소비자의 손해를 물어 줘야 할 수 있어. 이런 경우 무과실 책임의 원칙도 필요하단다.

변호사 아빠와 떠나는 '민주주의와 법' 여행

오늘의 대화 (오전 11시)

법을 안다는 건
지도를 보는 것

민주 떡볶이를 예로 드니까 이해가 쏙쏙 되는 것 같아요. 잘 알지 못할 뿐, 청소년들 역시 민법 아래에서 여러 법률관계를 맺고 있네요. 제 이야기여서 그런지 좀 더 자세히 알고 싶어요. 청소년은 어떤 규정들을 적용받고 있는 거예요?

아빠 학교와 집 사이처럼 늘 다니는 길은 도로명을 몰라도 헷갈리지 않지? 청소년들도 법에 대해 잘 모르지만 그렇게 지내는 거라고 생각해.

민주 앞에는 가 보지 않은 많은 길이 기다리고 있지만, 지도를 볼 줄 알면 낯선 길을 갈 때 도움이 되겠지? 법을 안다는 것은 그런 거야. 너무 자세히 들어가면 어려울 수 있으니 우선 살짝 엿보기만 할까?

민법의 경우에는 신의 성실의 원칙처럼 법 전체의 기본이 되는 총론이 있고, 채권과 물권을 다룬 재산법 부분, 가족 관계를 정리한 가족법 부분이 있어.

총론 내용부터 살펴보면 아까 권리와 의무를 발생시키는 것이 법률관계라고 했잖아. 민법은 제3조에 따라서 사람만이 권리와 의무를 가질 수 있다고 정했어. 그런 자격을 권리 능력이라고 한단다. 반려동물은 아무리 가족처럼 지내도 법적인 권리를 가질 수 없어. 반려동물은 재산을 소유하거나 자기 이름으로 통장을 만들지 못하니까.

그런가 하면 법인은 사람이 아닌데도 사람으로 인정해. 민주가 가지고 있는 문구 상표를 하나 떠올려 보자. 그 펜이나 노트는 회사 누구로부터 산 걸까? 직원 누군가가 아니라 회사 자체겠지?

다시 말해서 법인은 거래의 편의를 위해서, 많은 사람과 재산으로 이루어진 회사 같은 단체를 하나의 인격체로 인정한 거야. 법이 사람으로 여겨 준다는 뜻에서 법인이라고 하고, 권리 능력을 가지게 되는 거지. 법인과 구별하기 위해서 사람은 '자연인'이라고 한단다. 산속에서 혼자 사는 사람을 가리키는 말이 아니야.

권리 능력과 별개로 의사 능력과 행위 능력을 따져야 할 필요도 있어. 의사 능력은 자기가 무슨 일을 하고 있는지, 그 결과는 무엇인지 알 수 있다는 거야. 법적 효력이 있는 법률 행위를 할 수 있느냐는 행위 능력인데, 아기라면 먹을 줄은 알지만 직접 이유식을 살 수는 없겠지? 고령이나 장애, 질병으로 온전한 행위 능력을 가지지 못할 수도 있고. 나중에 이야기해 주겠지만 미성년자의 행위 능력 역시 제한하고 있어.

이처럼 법률 행위를 할 수 있는 자격 다음에는 어떻게 해야 하는지가 나와. 단지 생각에 그치지 않고 밖으로 드러나야 의미가 있겠지?

예를 들어 떡볶이를 먹고 싶으면 사장님에게 '매운맛 1단계 1인분'을 달라고 하지. 의사 표시를 하는 건데, 정확하지 않으면 다툼으로 이어질 수 있어.

일상생활에서도 A라고 생각하고 한 이야기를 상대방은 B로 받아들여 행동하는 경우가 종종 일어나잖아. 사장님이 엉뚱하게 시뻘건 매운맛 3단계 떡볶이를 주는 것처럼 말이야. 대부분 법적 분쟁이 그런 식으로 일어난

기원전 2600년경
수메르인의 밭과 집 매매 계약서

단다.

결국 원하는 바를 분명하게 전달하는 게 중요하겠지? 그렇다면 총론에서는 어떻게 의사 표시를 하라고 할까?

아쉽지만 따로 가르쳐 주지는 않아. 계약 자유의 원칙에 따라서 원하는 사람과 원하는 방식으로 하는 거니까. 대신 마음에 없는 농담이거나, 착오가 생기거나, 다른 사람에게 속은 경우처럼 잘못된 의사 표시에 관해서만 정해 놓았어. 취소할 수 있거나 처음부터 무효인 경우들이지.

그 밖에 총론에는 조건이나 기한을 정한 법률 행위는 어떻게 효력을 가지는지 나와 있고, '오늘부터 사흘 뒤'라고 하면 정확히 언제를 가리키는 것인지처럼 단순하지만 꼭 지켜야 할 것들도 나와 있어.

이런 것들을 잘 모르면? "권리 위에 잠자는 자는 보호받지 못한다."라는 법언이 있어. 권리는 알아서든 몰라서든 오랫동안 행사하지 않으면 소멸해 버리지. 이른바 소멸 시효 제도가 총론의 마지막에 나온단다.

떡볶이집 사장님과
계약을?

민주 이제 민법이 어떤 식으로 만들어져 있는지 좀 알 것 같아요. 비유하자면 매장에서 키오스크 사용법을 익히는 것과 비슷한 느낌인데요. 원하는 메뉴를 정확하게 골라 장바구니에 담고, 현금이나 체크 카드로 결제하잖아요. 메뉴를 받으면 주문한 그대로인지 확인하고요. 단순해 보이는 그 과정에 법적으로 어떤 의미가 담겨 있는지 알려 주시겠다는 거지요?

아빠 그렇단다. 그러면 계약에서부터 이야기를 시작해 볼까? 계약에도 여러 종류가 있기는 한데, 보통은 일정한 법적 효과를 발생시키기 위해 상대방과 맺는 약속을 가리킨단다.

다시 떡볶이로 돌아가서 자세한 과정을 살펴보자. 민주가 키오스크를 이용하지 않고 사장님에게 직접 떡볶이 1인분을 달라고 하면, 사장님은 5,000원이라고 대답하거나 간단히 고개를 끄덕이겠지. 청약과 승낙이라는 의사 표시가 맞아떨어져서 떡볶이에 관한 매매 계약이 체결된 거야.

이 계약으로 민주와 사장님에게 채권과 채무가 발생했어. 누군가에게 특정한 행위를 하라고 요구할 수 있는 권리를 채권이라고 하고, 반대로 그런 행위를 하는 쪽이 지는 의무를 채무라고 한단다.

민주에게는 떡볶이 1인분을 요구할 수 있는 채권과 5,000원을 지급해야 하는 채무가 있어. 떡볶이 자체가 아니라 떡볶이를 만들어 주는 행위에 대해 권리를 가지는 거지. 사장님의 채권과 채무는 거꾸로겠지? 민주가 5,000원을 내밀면 채무를 이행한 거고, 사장님에게는 채무가 남지.

채권은 그 자체로 재산권이야. 떡볶이를 기다리고 있는데 가게에 친구가 들어와서 배가 너무 고프니 자기가 먼저 먹으면 안 되겠느냐고 민주에게 부탁한다고 해 보자. 민주는 똑같이 5,000원을 받거나, 빨리 먹게 해 주는 대가로 약간 비싼 6,000원 정도에 채권을 팔 수도 있겠지. 사장님은 친구에게 채무를 이행하면 되고.

사장님이 떡볶이를 주지 않으면 계약에 따른 채무를 이행하지 않는 채무 불이행이 돼. 법원에 가서 채무자를 상대로 소송하면,

그때부터는 당사자끼리가 아니라 국가가 끼어드는 거야.

모두 채무를 제대로 이행한 다음에는 어떻게 될까? 민주는 이제 떡볶이 1인분이라는 물건 자체를 가졌어. 물건에 관한 권리를 물권이라고 하고, 물권 중에서 가장 강력한 건 소유권이야. 뜻대로 사용, 수익, 처분을 할 수 있거든.

먹으면 사용하는 것이고, 배가 부르다는 수익을 얻겠지. 혹은 다른 사람에게 다시 파는 처분을 할 수도 있어. 버리는 것도 마음대로 할 수 있지. 사장님 손에 들어간 5,000원도 마찬가지고.

지금까지 매매 계약에 따라 채권, 채무가 일어나는 과정과, 채무를 이행한 뒤에 물권인 소유권이 어떻게 변하는지까지 알아봤어. 용어가 조금 어려워도 하나하나 되짚어 보면 헷갈리지 않을 거야.

민법이 정해 놓은 재산권 변동의 기본적인 틀은 모두 비슷해. 떡볶이를 예로 들었을 뿐 집을 사는 과정 역시 마찬가지거든. 다만 부동산은 접시에 담아 건네줄 수 없으니까 별도로 누구 소유인지 공문서에 기재하는 등기가 필요하단다. 또 떡볶이를 사는 것과는 비할 수 없이 신중해야겠지.

법적 효력이 있는 계약을 체결하기 위해서는 우선 세 가지를 확실히 해야 해. 첫 번째는 당사자에 관한 확인이야. 당사자에게 권리 능력, 의사 능력, 행위 능력이 있어야 하겠지. 두 번째로 법의 보호를 받을 수 있는 목적이어야 해. 마약을 사는 계약을 했는데 이행하지 않는다고 법원에 가도 편을 들어줄 리 없겠지. 범죄 영화에는 돈을 갚지 않으면 신체를 포기하겠다는 무서운 계약이 나오는데, 아무 효력도 없어. 마지막으로 민법 총론에서 소개한 것처럼 잘못된 의사 표시에 의한 계약이 아니어야 하지.

법적 효력이 있는 정상적인 계약이라면 내용을 정하는 게 중요해. 내 머릿속 생각이 중요한 게 아니라 상대방과 제3자에게 어떻게 받아들여지느냐가 중요하지. 따라서 가능한 한 구체적이고 명확하게 계약서를 작성해야 해.

요즘은 떡볶이도 다양한 옵션이 있잖아. 매운맛의 정도부터 어묵, 달걀 같은 토핑까지 하나하나 정할 수 있지. 계약서 작성도 그렇게 하는 거야. 설령 계약서라는 명칭이 아니더라도 꼭 필요한 내용이 들어가 있다면 메일이나 문자도 도움이 될 수 있단다.

계약은 말로 할 수도 있어. 다만 말뿐이라면 나중에 어떤 계약인지 밝힐 도리가 없겠지? 다툼이 생겨 법원으로 가면 문서의 내용에 따라 판결이 나와.

계약서에 대한 팁을 하나 줄게. 요즘은 각종 계약에 필요한 표준 계약서를 온라인에서 쉽게 구할 수 있어. 꼼꼼히 읽어 본 다음 자신에게 꼭 필요한 내용을 추가하면 돼.

오늘의 대화 (오후 2시)

떡볶이를
주지 않는다면?

민주 아빠 말대로 어렵긴 하지만, 듣다 보니 계약이라는 게 재미있기도 하고 신기하기도 해요. 그런데 계약으로 발생한 채무를 이행하지 않으면 법원이 어떻게 하는 거예요? 제가 떡볶이값을 냈는데 사장님이 주지 않으면 법원에서 떡볶이를 만들라고 하나요?

아빠 채무의 성질에 따라 달라지는데, 단순히 가지고 있는 물건을 건네주는 정도라면 그렇게 할 수도 있어. 법원이 나서서 빼앗아 주면 되니까. 혹은 이행할 때까지 벌금을 내라고 하는 방법으로 압박할 수도 있지.

민주 말대로 떡볶이라면 어떨까? 완성된 제품이 아니라 요리가

　　　　　　　　　　　　변호사 아빠와 떠나는 '민주주의와 법' 여행

필요하지. 하지만 억지로 시켰다가는 맛없게 만들 수도 있으니 계약을 해제하고 없던 일로 되돌려. 물론 받은 돈은 이자를 붙여 돌려주어야 하지.

거기서 끝나지 않고 원래 치렀던 값 이상의 손해가 발생하기도 해. 집을 판다고 하길래 돈을 주었는데 집주인이 덜컥 다른 사람에게 넘겼다고 해 보자. 하필 그사이 집값이 많이 올랐다면 어떻게 해야 할까?

원래 집을 사려고 한 사람은 제때 집을 가졌다면 큰 이익을 얻었겠지. 따라서 그만큼을 손해로 봐서 돈으로 받을 수 있어. 늦게나마 집을 비워 주기보다는 금전으로 배상하는 게 원칙이거든.

손해 배상은 불법 행위에서도 중요한 문제야. 잘못을 저질러서 다른 사람에게 손해를 끼쳤다면 불법 행위 책임을 져야 하지. 고의 또는 과실로 인한 행위, 딱히 정당한 이유가 없는 위법성, 손해 발생, 행위와 결과 사이의 인과 관계가 있어야 하고, 잘못을 저질러 책임을 져야 한다는 사실을 알 수 있는 능력이 필요해.

불법 행위 책임 역시 금전으로 배상하는 게 원칙이야. 계약 같은 법률관계는 없어도 불법 행위 때문에 채권, 채무 관계가 만들어지는 거지.

교통사고를 예로 들어 생각해 보자. 운전자가 주변을 잘 살피지 않아서 앞선 차량을 들이받았어. 우선 필요한 만큼 충분히 주의를 기울이지 않은 과실이 있지. 이는 천재지변 같은 불가피한 사정이 있었던 것도 아니기 때문에 위법한 거야. 앞차의 트렁크 부분이 고장 났고, 운전자가 다치는 손해가 발생했어. 사고가 원인으로 발생한 결과인 만큼 인과 관계가 있다고 볼 수밖에 없지. 이런 순서로 따지는 거야.

망가진 차를 수리해야 하고, 피해자는 치료도 받아야 해. 잘 나으면 다행이지만, 나중에라도 심각한 후유증이 생길 수 있지. 입원해서 일을 못 하는 동안에는 돈을 벌지 못할 거야. 사고 차량을 사용하지 못하는 동안 다른 교통수단을 이용해야 할 수도 있지. 이런걸 모두 따져서 물어 주어야 한단다.

민법은 사회에서 자주 발생하는 특수한 불법 행위에 책임질 사람을 미리 정해 놓았어. 어린아이가 교통사고를 일으켰다면 부모 잘못이겠지. 이를 다른 말로 '책임 무능력자의 감독자 책임'이라고 해. 어린아이는 불법 행위가 뭔지도 모를뿐더러 경제력도 없거든.

민주 같은 청소년은 어떨까? 상황에 따라 다르지만, 자녀를 잘 돌보지 못해서 벌어진 일이라면 부모가 손해를 배상해야 해.

그 밖에 직원이 업무와 관련해 저지른 잘못이라면 원칙적으로 사용자 책임이고, 간판 같은 것이 떨어졌다면 '공작물 점유자 책임'에 따라 설치한 사람이 책임이야. 반려견이 누군가를 물었다면 '동물 점유자 책임'에 따라 데리고 있던 사람이 손해 배상을 해.

여럿이 함께 저지른 불법 행위라면 '공동 불법 행위 책임'에 따라 연대해서 책임을 져야 하는데, 손해가 100이라면 피해를 입은 사람은 누구를 상대로든 100을 달라고 할 수 있어. 누구 잘못이 더 큰지 따지는 일은 잘못한 사람들끼리 하라는 거야.

오늘의 방문 (오후 3시)

대형 마트

멀리 갈 필요 없이 집 근처에 있는 대형 마트를 찾아가 봅시다. 대한민국의 경제 질서는 개인과 기업의 자유와 창의를 기본으로 하는 자유 시장 경제 체제라고 했습니다. 마트가 곧 시장이고요. 따라서 마트에 가면 어떤 식으로 민법의 원칙이 적용되는지 쉽게 만나 볼 수 있습니다.

대형 마트는 일반적으로 법인인 회사가 운영하고 있습니다. 많은 사람과 차량이 오가며 상품을 사고팔기 편리하게 만들어져 있지요. 따라서 일반 건축물과 구조가 다른 편입니다. 물건을 만들어 놓고 파는 매매 계약이 아니라 주문대로 어떤 일을 완성하는 도급

계약에 따라 건축업자가 지었겠지요. 마트 회사 소유의 건물일 수 있고요. 주인은 따로 있고 마트가 임차료를 내고 빌려 쓰는 임대차 계약을 체결했을 수도 있습니다.

마트 안에는 다양한 상품이 판매대에 가지런히 진열되어 있습니다. 할인 코드를 붙인 전단지는 계약하러 오라는 유인물인 셈입니다. 전단지를 들고 온 손님이 상품을 장바구니에 담으면 매매 계약이 이루어집니다. 손님은 물건을 사겠다는 청약을 했고, 마트 회사는 미리 승낙 의사를 표시했다고 볼 수 있으니까요.

매매 계약의 상대방은 직원이 아니라 마트 회사인데요. 계산대에서 손님이 값을 치르고, 직원이 바코드를 찍어 영수증과 함께 상품을 건네면 각자 채무가 이행됩니다.

여기서 직원의 역할은 무엇일까요? 회사에서 급여를 받는 대가로 자신의 노동력을 제공하는 고용 계약에 따른 채무를 이행하는 것입니다. 물건을 파는 게 아니라 판매대에서 회사를 위해 일하는 거예요.

마트에서 과자 한 봉지를 샀다면 이제 소유권을 가진 물건이니까 편하게 들여다봅시다. 어딘가 전단지와는 달라 보일 수 있는데요. 틀림없이 "이미지는 실제와 다를 수 있습니다."라는 글씨가 조그맣게 인쇄되어 있을 것입니다.

다툼이 생기면 문서의 내용에 따를 수밖에 없다고 했잖아요. 미리 그런 경우에 대비해 인쇄해 놓은 거예요. 물론 상품에 문제가 있으면 교환이나 환불은 당연히 해 줍니다. 과실 책임의 원칙에 따라서요.

과자에는 대개 마트 회사와 다른 회사의 상표가 붙어 있습니다. 마트 회사가 제조 회사와 직접 혹은 다른 판매자와 별도의 매매 계약을 거쳐 구매한 다음 손님에게 다시 팔거든요. 그런 상품들을 마트까지 가져오는 일은 운송 계약을 통해 이루어집니다.

원산지가 외국인 경우도 적지 않은데요. 머나먼 곳에서 만들어져 배나 비행기에 실린 다음 기차나 화물차로 갈아타며 온 것입니다.

그것으로 끝이 아닙니다. 포장지 뒷면을 보면 상품 재료들이 빼곡히 적혀 있지요. 밀을 재배한 농부에서부터 시작해서 얼마나 많은 계약을 거쳐 우리 손에 왔을까요? 사실 농부 역시 씨앗 구입부터 시작해 재배 과정에 필요한 농기구와 비료 구입까지 수많은 법률관계를 거쳐 밀을 수확했겠지요.

변호사 아빠와 떠나는 '민주주의와 법' 여행

이런 식으로 따져 보며 마트를 둘러보면 민법 없는 사회는 불가능하다는 사실을 깨닫게 될 거예요. 잘못하다가는 머릿속이 뒤죽박죽 엉킬 수 있으니 미리 조심하고요.

댄스 가수는 35세까지?

조금 무서운(?) 이야기를 해 볼까 합니다. 앞서 불법 행위에 관해 이야기하면서 교통사고를 예로 들었는데요. 다쳐서 일을 못 하는 동안 벌 수 있었을 소득도 손해로 물어 주어야 한다고 했습니다. 사람마다 하는 일이 다르니까, 똑같이 다쳤더라도 받을 수 있는 돈은 제각각 다르다는 뜻입니다. 공평하다고 할 수도 있고, 냉정하다고 할 수도 있겠지요.

안타깝게도 크게 다쳐 사망했다면 어떻게 해야 할까요? 생전에 하던 일을 기준으로 삼아야 할 텐데요. 그 일을 몇 살까지 할 수 있을지도 따져야 합니다. 이런 말을 사람에게 쓰는 게 맞나 싶지만 '가동 연한'이라고 합니다. 댄스 가수는 35세, 프로 야구 투수는 40세, 육체노동자는 65세라는 식으로 정해 놓았습니다.

좀 더 설명하자면 이런 식입니다. 댄스 가수의 손해는 35세까지는 댄스 가수로, 36세부터 65세까지는 육체노동자로 얻을 수 있는 수익을 따져서 배상 액수를 정하는 것이지요.

일하고 있지 않은 어린이, 학생, 가정주부의 기준은 무엇일까요? 소득이 가장 낮은 편인 육체노동자로 봅니다. 게다가 성년이 되기 전까지 벌지는 못하고 쓰기만 할 테니까 그만큼 돈을 뺍니다. 미래에 어떤 일을 할 수 있을지 아무런 고려도 없습니다. 하다못해 평균 소득을 기준으로 삼지도 않습니다.

뭔가 억울하다고요? 한번 법으로 정해지면 당연한 일로 받아들이기 쉬운데요. 법이라고 절대 완전할 수는 없습니다. 늘 잘못된 점은 없는지 따져 봐야 합니다.

나이가 많은 사람 역시 불합리하다고 느낄 상황입니다. 35세를 넘겨서도 무대를 장악하는 댄스 가수들이 분명히 있습니다. '100세 시대'라고들 하잖아요. 65세면 여전히 청년이라고 부를 만큼 고령임에도 일하는 분이 많습니다.

우리나라 민법은 1950년대에 만들어졌는데요. 그사이 사회가 엄청나게 변했습니다. 민법이 사회를 따라잡지 못하는 바람에 이런 문제들이 생깁니다.

물론 이미 가동 연한을 넘겨서도 일하고 있다는 등 다른 상황을 주장할 수 있는데요. 법정에서 판사를 설득할 수 있을 만큼 증거를 내야 합니다. 민주주의 원리는 법원까지도 이어지거든요.

자기 일에 관해서는 스스로가 주장하고 증명해야 합니다. 아무

말도 안 하거나 말로만 억울하다고 하면 판사가 알아서 해결해 주지 않습니다. 대등한 입장의 당사자들이 서로 자기가 옳다고 주장하면서 증거를 내기 때문입니다. 판사는 심판 역할만 하고요.

이 역시 수정이 필요한 점이 있습니다. 이런 식으로 법을 만들 무렵에는 사회가 훨씬 단순했습니다. 무엇 때문에 손해가 발생했는지 밝히기 쉬웠어요.

요즘은요? 교통사고가 났는데 운전자 실수가 아닌 자동차 결함으로 생긴 일이라고 가정해 봅시다. 자동차 회사를 상대로 손해 배상을 청구하려면 문제가 있었다는 사실을 증명해야 합니다. 일반인이 이것을 매끄럽게 할 수 있을까요?

실례로 우리나라에서 자동차 급발진 사고는 아직 법적으로 인정된 적이 없습니다. 아무도 입증하지 못했기 때문입니다. 뭔가 수정이 필요해 보이지요? 계약 자유의 원칙을 계약 공정의 원칙으로 바꾼 것처럼 말이에요.

그렇다면 누가 나서야 할까요? 이 역시 국가의 주인이고 법의 주인인 우리 모두의 몫입니다.

생각거리 1

나이와 직업으로 손해 배상의 기준을 삼다 보니 청소년의 미래 가치를 반영할 수 없다는 문제가 있습니다. 청소년인 여러분이 직접 수정할 수 있는 방법을 찾아봅시다.

_____

_____

_____

_____

_____

_____

생각거리 2

하루 일과를 돌아보면서 법률관계에 해당하는 일이 얼마나 있었는지 헤아려 봅시다.

_____

_____

_____

_____

_____

_____

7일 차

세뱃돈 속
'가족법' 엿보기
-가족 관계와 법

일곱째 날인 오늘은 민주와 함께 사무실에 출근하기로 했습니다. 제가 일하고 있
는 법무 법인이 서울 중앙 지방 법원 근처에 있는데요. 휴가 중이긴 하지만 맡고
있는 민사 소송 사건의 재판이 열리기 때문입니다. 법정에 있는 제 모습을 상상
했는지 민주가 웃음을 터뜨립니다. 집에서 늘 보던 모습과 많이 다른가 봐요. 덕
분에 법률을 재판에서 어떻게 적용하는지 생생하게 기억할 수 있을 듯합니다.

학원비로
명품을 샀다면?

민주 아빠, 어제 민법에서 미성년자의 행위 능력을 제한하고 있다고 하셨잖아요. 처음에 들었을 때는 그런가 보다 했는데, 청소년도 다양한 법률 행위를 한다는 걸 알고 나니까 현실과 좀 안 맞는 게 아닌가 하는 생각이 들었어요. 요새는 은행에서 청소년용 체크카드도 발급해 주잖아요.

아빠 미성년자는 여러 부분에서 제약을 받고 있지. 가장 쉽게 떠올릴 수 있는 게 술이야.

술은 요즘뿐만 아니라 조선 시대에도 어른이 되었다는 상징이었어. 지금으로 치면 성년식 날에 술을 주었거든. 그때부터 마음대로 마셔도 좋다는 건 아니었어. 어른이니까 취해서 흐트러지지 않도록 스스로를 잘 조절해야 한다는 뜻이었지. 다시 말해서 자신의 행동에 책임을 져야 한다는 거야.

민법으로 돌아와서, 18세 이하 미성년자는 원칙적으로 법정 대리인인 부모 동의를 받아야 법률 행위를 할 수 있는 '제한 능력자'야. 행위 능력이 아예 없는 건 아니어서 법률 행위를 할 수는 있지만, 나중에라도 반드시 허락을 얻어야 효력이 있단다.

이를 다른 말로 '추인'이라고 해. 답답하게 느껴질 수 있어도 민주 같은 미성년자를 보호하기 위한 제도야. 감당하지 못할 만큼 술을 마시는 것처럼 책임지지 못할 일을 저지르지 않도록 하는 거지.

그리고 체크 카드 이야기를 잘 꺼냈어. 그 안에는 정해진 범위 내에서 쓰라며 부모님이 주신 용돈이 들어 있지. 필요할 때마다 일일이 허락받는 불편함을 덜기 위해 미리 허락받은 것뿐이야.

혹시 용돈을 아껴 모은 돈이라면 마음대로 할 수 있을까? 아쉽게도 아니야. 여전히 부모님이 허락한 범위가 아니거든. 미성년자는 아무런 대가 없이 무언가를 받거나 의무를 면하는 일만 가능해. 책임질 일이 없으니 말이야. 다만 미성년자라도 특정한 사업을 한다면 필요한 법률 행위를 포괄적으로 허락받을 수는 있어.

만약 미성년자에게 제한 없이 행위 능력을 인정한다고 해 보자.

변호사 아빠와 떠나는 '민주주의와 법' 여행

예를 들어 신용 카드를 발급해 주어서 지금 돈이 없어도 신용으로 고가의 제품을 살 수 있게 한 거야. 3개월, 아니 1년 할부를 하라면서 말이야. 그러면 유혹을 못 이기고 마구 쓰는 친구들이 생기겠지.

하지만 세상에 공짜는 없어. 그 친구들은 결국 이자까지 붙은 무거운 빚을 지고 사회생활을 시작해야 할 거야. 일해도 돈이 들어오는 족족 카드 회사가 챙겨 갈 거고. 그러다 보면 결국 제자리에 주저앉고 말겠지.

그런 일을 막기 위해 미성년자는 법률 행위를 하더라도 부모나 본인 스스로 취소할 수 있게 했어. 한 친구가 학원비가 들어 있는 체크 카드를 덜컥 명품 매장에서 사용해 버렸다고 해 보자. 집에 가서 혼날 걱정을 하지 말고 얼른 매장으로 돌아가서 취소하면 돼. 부모님이 알면 혼을 낸 다음 취소할 테지. 미성년자라는 사실 말고 다른 이유는 필요 없어.

현실적으로 거래 상대방인 명품 매장 사장님은 미성년자에게 고가의 상품을 팔지 않겠지. 자칫 손해만 볼 수 있으니까. 그래도 팔았다면 부모에게 연락해 취소할지 정하도록 요구할 수 있어.

예외가 있기는 한데, 누가 봐도 어른 같은 모습에 신분증까지 위조해서 거래했다면 취소할 수 없어. 행위 능력자인 것처럼 믿게 만든 거니까. 부모님 허락을 받은 것처럼 속였을 때도 마찬가지야. 법도 그런 청소년까지 보호하지는 않는단다.

엄마,
내 세뱃돈 어딨어요?

민주 부모님의 허락을 받는 일이 법으로 정해 놓은 제도라니 조금 당황스럽네요. 엉뚱한 질문일지 모르겠지만, 자유와 평등이라는 민주주의 원리가 가족법에는 적용되지 않는 거예요?

아빠 가족 구성원끼리도 당연히 서로를 대등한 인격체로 존중해야 하겠지. 다만 가정은 그 자체가 하나의 사회이고, 외부로부터 독립적이라는 특징이 있단다. 저마다 고유의 문화가 있어서 최소한의 공통점을 찾아 법으로 정해 놓고 있어.
무엇보다 부모는 자녀가 사회 구성원으로 자리 잡을 수 있도록 돕는 역할을 하고, 법은 그에 맞는 권리와 의무를 보장하고 있어.

편의상 미성년자의 법률 행위에 동의할 수 있는 사람을 '부모'라고 했는데, 당사자 대신 법률 행위를 대리할 수 있도록 지정해 놓은 사람을 '법정 대리인'이라고 해. 의사 능력, 행위 능력이 부족하거나 없는 사람을 보호하기 위해서지. 친권을 가진 부모가 일차적으로 미성년자의 법정 대리인이야. 부모가 없다면 후견인이 맡지.

부모는 자녀가 성년이 될 때까지 보호하고 양육해야 해. 이를 위한 신분, 재산에 관한 권리와 의무가 친권이야.

앞서 이야기한 것처럼 부모는 자녀의 법률 행위에 동의, 취소하거나 아예 대리할 수 있어. 아빠인 나나 엄마가 민주 이름으로 통장을 만들어 관리할 수 있는 이유지. 법적으로 자녀의 금융 거래를 부모가 대신해 주는 거야. 더 적극적으로 자녀의 재산을 맡아 관리할 수도 있어. 새해에 민주가 세뱃돈을 받으면 엄마가 잘 맡아 두겠다면서 가져갔지? 아쉽겠지만 이건 법적으로 정당한 권리의 행사란다.

그 밖에 친권에는 자녀가 어느 곳에서 살지 정할 수 있는 거소 지정권이 있어. 말이 권리지, 자녀와의 관계에서는 의무라고 할 수 있지.

그러면 권리는 어떤 의미일까? 제3자가 간섭하려 한다면 자녀에 대한 권리를 가진 사람으로서 부모가 우선할 수 있는 정도야. 친권은 부모가 공동으로 행사하는 것을 원칙으로 하고, 이혼한 경우에는 따로 친권자를 정하는 절차를 거친단다.

안타깝지만 간혹 부모가 친권을 남용해 자녀에게 손해를 끼치거나 보호와 양육을 소홀히 하는 경우가 있어. 그럴 때는 부득이 가정 법원이 친권을 빼앗거나 제한하는데, 자녀 본인은 물론 주변 친지나 검사, 지방 자치 단체의 장이 나서서 재판을 열어 달라고 할수 있어. 물론 그렇다고 부모 자식 관계까지 끊어 놓을 수는 없지.

혹시 어른들이 홧김에 "호적에서 파 버리겠다."라고 말하는 것을 들은 적 있니? 자녀라는 사실을 가족 관계 등록부에서 지우겠다는 건데, 친부모와 자식인 한 결코 그렇게 할 수 없으니 겁먹지 않아도 된단다.

부모와 자녀로 맺어지는 방법은 여러 가지야. 결혼한 부부 사이에서 태어나는 자녀가 가장 일반적이고, 이를 친생자라고 해. 간혹 친자식이라도 혼인 외 관계를 통해 출생할 수 있겠지. 그런 경우 자녀라는 사실을 행정 기관에 신고하는 '인지' 절차를 거쳐야 해.

입양을 통해 부모와 자녀 관계를 만들 수도 있어. 입양은 일반 입양과 친양자 입양으로 나뉘는데, 친양자일 경우 양부모의 혼인 중 출생자로 보고 아버지 성을 따라. 부모에게는 부양 의무가 생기고, 상속도 할 수 있어. 그래서 흔히 친양자를 가슴으로 낳았다고 하지. 법적으로나 현실적으로나 친생자와 다르지 않으니까.

오래오래
행복하게 살려면

민주 결혼해야 자녀도 생기잖아요. 결혼이라고 하면 드라마 같은 데 나오는 것처럼 사랑하는 두 사람이 행복한 표정으로 미래를 약속하는 모습이 떠올라요. 웨딩드레스랑 턱시도도 생각나고요. 법에서는 결혼에 대해서 어떻게 말하고 있는지 궁금해요.

아빠 어렸을 때 읽었던 동화는 으레 "왕자와 공주는 오래오래 행복하게 살았습니다."라며 끝을 맺지. 어떻게 해야 그렇게 살 수 있을지는 가르쳐 주지 않아. 그래서 결혼에 관해 제각각 상상하고, 현실에서 볼 수 있는 부모의 모습에서 혼인 관계를 짐작할 뿐이지.

그게 꼭 틀린 건 아니지만, 각자 생각이 다른 바람에 행복해지기

어려울 수 있어. 동화는 아닐지라도 법이 요구하는 최소한을 아는 편이 오히려 낫지 않을까?

가족법에서 이야기하는 결혼은 계약 중 하나야. 계약을 맺으려면 어느 한쪽의 청약을 상대방이 승낙해야 한다고 했지? '청혼'이라고 한 글자만 바꾸면 되겠네.

혼인은 의사 능력, 행위 능력을 갖춘 당사자의 자유로운 의사에 따른 합의여야 해. 18세면 미성년자도 할 수 있지만, 부모나 후견인의 동의를 받아야 하지. 당연한 이야기지만 이미 혼인 중이거나 가까운 친인척끼리는 결혼할 수 없어. 또 결혼식을 치르지 않더라도 반드시 혼인 신고를 해야 법률혼으로 인정한단다.

따라서 혼인 계약의 내용이 무엇보다 중요하겠지. 별도 달도 따 주겠다는 많은 약속이 있을 텐데, 부부로서 공동체를 이룰 수 있도록 법에 따라 발생하는 의무와 권리가 있어.

먼저 의무부터 살펴볼까? 특별한 사정이 없는 한 같은 곳에서 살아야 한다는 동거 의무가 있어. 서로가 서로를 돌보는 부양 의무도 부담하지. 또 소소한 집안일은 물론 살면서 겪는 여러 가지 어려움을 함께 헤쳐 나가라고 협조 의무를 두고 있어. 법이기 때문에 지키지 않으면 강제력을 동원할 수 있지. 이를테면 생활비를 내지 않는 상대방에게 재판으로 부양료를 청구할 수 있단다.

이번엔 권리를 살펴보자. 부부라고 할지라도 여전히 독립한 인격체겠지? 각자 돈을 벌 수 있고, 부부 별산제에 따라 재산도 따로 가질 수 있으니까.

그런데 이렇게 원칙을 세우니까 곤란한 점이 있어. 아빠가 마트에 가면서 엄마한테 필요한 게 없냐고 물었어. 엄마가 속이 더부룩하니까 탄산수 하나만 사 달라고 했어. 여기서 뭐가 문제일까?

법적으로 아빠가 엄마의 탄산수 매매 계약을 대신 체결하고, 채무까지 이행했잖아. 이럴 경우에는 원칙적으로 엄마가 써 준 위임장 같은 게 있어야 해. 하지만 그렇다면 정말 이상하겠지? 그래서 부부는 장을 보거나 관리비를 내는 것처럼 생활에 필요한 일을 대신할 수 있도록 일상 가사 대리권을 가지고 있어.

18세 미성년자가 혼인하면 가지게 되는 권리도 있어. 결혼까지 한 마당에 법률 행위를 할 때마다 부모님 동의를 받아야 하면 이상하잖아. 따라서 이런 경우에는 19세 이전이라도 성년으로 봐 준단다. 19세까지 1년밖에 남지 않았다고 할 수도 있지만, 얼마든지 문제가 생길 수 있는 기간이니까.

다시 부부 이야기로 돌아가 보자. 혼인 신고를 해야 법률혼이라고 했는데, 부부가 되려면 꼭 국가에 알려야 할까? 반드시 그런 건아니야. 사실혼이라는 말을 들어 봤을 텐데, 신고하지 않았을 뿐누가 봐도 부부로 생활하는 경우야. 사실혼 역시 동거, 부양, 협조의무를 인정하고, 일상 가사 대리권도 있단다.

하지만 법률혼과 다른 점도 분명히 있어. 대표적으로 상속을 못받는다는 거야. 상속은 사망한 사람이 남긴 재산에 대한 권리인데, 혼인 신고를 안 했으면 부부였다는 사실을 법원이 알 수 없겠지. 이미 세상을 떠난 사람에게 물어볼 수도 없고.

또 아파트 청약이나 세금 공제처럼 기록을 토대로 이루어지는 국가 정책 역시 적용받지 못해.

안타깝게도 모든 부부가 오래오래 행복한 건 아니겠지. 각자의 길을 걷기 위해 혼인 관계를 정리할 수도 있어. 성년인 두 사람은 자유로운 의사로 혼인할 수 있는 것처럼 협의에 따라 이혼할 수도 있지.

이유를 따질 필요는 없지만, 가족이라는 특별한 관계인 만큼 깊이 생각해 보도록 '숙려 기간'을 두고 있어. 가족법인 만큼 꼭 법대로만 하지 않겠다는 배려지.

재판으로 이혼할 때도 마찬가지야. 잘잘못을 따지기 전에 '조정'이라는 절차를 거치도록 하거든. 이혼에 필요한 여러 내용을 당사자들끼리 정하도록 해 보는 거야. 안 되면 재판으로 넘어가는데, 잘잘못을 따진다고 한 이유가 있어. 가족법은 이혼할 수 있는 여섯 가지 잘못을 정해 놓았거든. 잘못이 없는 사람이 그런 잘못을 저지른 사람에게 이혼을 요구하는 거야.

부부 공동체가 깨지면 정리해야 할 게 많아. 자녀가 있으면 누가 양육할지 정해야 하고, 부부는 헤어져도 부모 자식 관계는 남기 때문에 자녀를 만날 수 있는 '면접 교섭권'에 대해서도 정해야 하지. 함께 사는 동안 모은 재산이 있다면 나누어 가져야 하고, 잘못을 저지른 사람은 정신적 피해에 관한 손해 배상을 해야 할 수도 있어.

오늘의 대화 (오후 1시)

빈손으로
왔다 가는 삶

민주 결혼에 대한 가족법 내용도 엄청 흥미진진하네요. 듣다 보니 또 궁금한 게 생겼어요. 사실혼 배우자끼리는 상속을 받을 수 없다고 하셨잖아요. 실제 배우자였는지 알기 어렵기 때문에요. 그렇다면 살아 있을 때 재산을 나누거나 유언으로 남기면 되지 않을까요?

아빠 다른 사람에게 대가를 받지 않고 재산을 주는 행위를 증여 계약이라고 해. 상대방은 승낙만 하면 되지. 살아 있는 동안 할 수도 있고, 유언으로 할 수도 있어. 사실혼 배우자에게도 그렇게 할 수 있고, 국가가 간섭할 수도 없지.

하지만 죽음이란 준비 없이 찾아오기도 하니까 미처 유언을 남기지 못할 수 있어. 그럴 때 어떻게 할 건지 법이 정해 놓고 있단다.

민법 제3조에 따라 사람은 생존한 동안만 권리와 의무를 가질 수 있다고 한 거 생각나니? 빈손으로 왔다가 빈손으로 간다는 옛말 그대로야. 아무리 많은 재산을 가진 사람이라도 세상을 떠나는 순간 모든 것을 놓아야 하지. 원칙대로라면 임자 없는 재산인 셈인데, 법에 따라 일정한 범위의 사람들에게 나누어 주도록 했어.

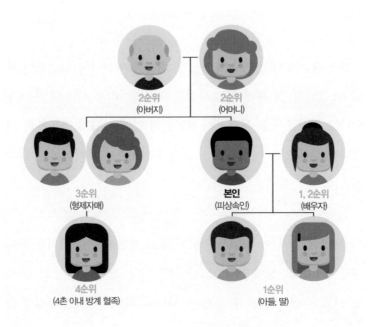

법정 상속 순위

변호사 아빠와 떠나는 '민주주의와 법' 여행

재산을 남기고 떠난 사람을 피상속인, 물려받는 사람을 상속인이라고 해. 피상속인의 모든 권리, 의무 그러니까 빚까지 상속인의 몫이지.

상속 순위도 정해 놓았는데 직계 비속, 직계 존속, 형제자매, 사촌 이내 혈족 순이야. 아래 방향을 뜻하는 비속은 자녀와 손자녀를 가리키고, 존속은 아버지와 할아버지 순서로 올라가지. 삼촌이나 조카는 사촌 이내에 해당해.

상속인끼리는 나이와 성별을 가리지 않고 같은 비율로 상속받아. 다만 피상속인 생전에 특별한 역할을 했던 사람에게는 기여분이라고 해서 그만큼을 인정해 주지. 예를 들어 아버지를 도와 사업을 하면서 큰 재산을 일궜는데 다른 형제와 똑같이 나누면 불공평하잖아.

앞선 순위 상속인이 한 사람이라도 있으면 다음 순위는 아예 상속에서 제외하는데, 배우자는 언제나 최우선일뿐더러 다른 사람보다 50%를 더한 비율로 상속받는단다.

물론 피상속인이 생전에 유언을 남겼다면 지켜야 하는데, 가족법은 일정한 제한을 두고 있어. 부모 자식이라고 모두 원만한 관계는 아니겠지. 재산을 몽땅 제3자에게 주라고 할 수도 있고, 자녀 중에서 특별히 예뻐했던 한 사람에게만 남길 수도 있어.

그렇더라도 상속인들은 유류분이라고 해서 일정 부분 자기 몫을 주장할 수 있단다. 직계 비속과 배우자라면 원래 상속분의 2분의 1, 직계 존속과 형제자매는 3분의 1이야. 다만 누구에게 얼마만큼 인정할지 종종 다툼이 벌어지고, 법이 달라지기도 해.

욕심 없는 사람은 드문지라 피상속인이 남긴 유언에 따라 상속인들끼리 종종 다툼이 일어나지. 이를 막기 위해 가족법은 유언만큼은 꼭 정해진 형식을 지키도록 하고 있어. 남겨진 내용이 맞는지 틀리는지 이미 떠난 사람에게 확인할 방법이 없으니까. 사실혼 배우자가 유언 없이는 법에 따른 상속을 받을 수 없는 이유가 여기 있단다.

17세 이상이면 법적 효력이 있는 유언을 남길 수 있어. 다만 재산과 신분에 관한 내용이어야 해. 집과 통장을 누구에게 주라고 하거나 A라는 사람이 자식이라고 '인지'하는 거야. 형제자매끼리 우애 있게 살라는 식의 말씀은 가슴에만 새기는 거지.

유언은 자필 증서, 녹음, 공정 증서, 비밀 증서, 구수 증서 다섯가지 종류가 있어. 자필일 경우 내용과 날짜, 주소, 이름까지 직접 쓴 다음 도장을 찍으라는 식으로 형식을 정해 놓았어. 그중 어느하나만 빠져도 효력을 인정하지 않는단다.

오늘의 방문 (오후 2시)

지방 법원 민사 법정

지금까지 민법을 통해 재산과 가족에 관한 법이 어떻게 이루어졌는지 살펴봤는데요. 실제 재판에서는 그런 법들을 어떻게 적용하는지 궁금하지 않나요?

법원으로 직접 가 봅시다. 가장 간단한 방법은 가까운 지방 법원을 검색하는 것입니다. 서울에만 5곳, 전국적으로 18곳의 지방법원이 있습니다. 지방 법원 아래 42개의 지원까지 더하면 웬만한도시에 다 있는 셈입니다. 이곳에서 민사와 형사 사건 1심을 맡고 있지요.

우리나라 헌법은 제109조 전문에 따라 원칙적으로 모든 재판을

대전광역시 서구에 있는 대전 지방 법원

공개하도록 하고 있습니다. 재판 과정에서 국가 비밀을 다루거나 사생활 침해 가능성이 있다는 등의 사정이 없는 한 누구나 가서 볼 수 있습니다. 화제가 되는 재판은 특별히 방청권을 미리 받아야 할 수도 있는데요. 법원에 법정이 한 군데만 있는 것은 아니니까 다른 재판을 찾으면 됩니다.

심리하고 판결하는 과정을 지켜볼 수 있도록 공개해야 어느 국민이나 법원을 신뢰할 수 있겠지요. 자연스레 법에 관해 배울 수도 있고요. 판사 역시 더욱 공정하게 절차를 진행하도록 애쓸 것입니다. 모든 권력은 국민으로부터 비롯된다는 민주주의 원리에 따르면 당연한 일이기도 합니다. 국가에 따라 아예 TV로 중계방송을 하는 곳도 있습니다.

변호사 아빠와 떠나는 '민주주의와 법' 여행

법원 청사 안으로 들어갈 때는 따로 출입증을 발급받을 필요는 없고요. 보안을 위해 검색대를 통과하면 됩니다. 들어가 보면 법원마다 조금씩 다르기는 하지만, 기다란 복도에 법정들이 나란히 자리 잡고 있고요. 묵직한 문이 양쪽으로 달려 있습니다. 문 옆에 '오늘의 재판 안내'가 게시되어 있으니까 참고하면 됩니다. 오전에는 10시, 오후에는 2시에 재판을 시작합니다.

스마트폰 알림은 진동으로 바꿨는지 점검한 다음 문을 열고 들어가세요. 맞은편에 살짝 높게 만들어 놓은 '법대'에서 판사가 정면을 보고 앉아 있을 것입니다. 간단한 사건을 처리하는 재판에는 한 명, 복잡한 사건을 다루는 재판에는 세 명의 판사가 앉아 있는데요. 셋 중 가운데 앉은 사람이 재판장입니다.

법대를 마주 본 위치에서 왼쪽에 원고 자리, 오른쪽에 피고 자리가 마련되어 있습니다. 법대와 그 사이에는 법원 직원들이 앉아 속기로 재판 내용을 기록하고, 판사에게 필요한 서류를 건네기도 합니다.

원고와 피고 자리 뒤쪽 방청석에는 대개 자기 차례를 기다리는 사람들이 있는데요. 아무 데나 빈자리에 앉으면 됩니다. 재판장이 사건 번호와 사건명을 부르면 원고와 피고 혹은 각각의 대리인이 앞으로 나가서 앉습니다. 민사 재판에서는 변호사를 대리인이라고 부르거든요.

원고부터 준비해 온 주장을 하고, 피고가 답변과 반론을 하는 것이 원칙인데요. 모든 것이 재판장의 지휘에 따라 이루어집니다. 영화나 드라마에서처럼 "이의 있습니다!"라고 큰 소리로 나서는 일은 실제 재판에서는 거의 없습니다.

법률 전문가가 아닌 데다 사건의 구체적인 내용을 모르기 때문에 딱히 흥미롭지 않을 수 있는데요. 그렇다면 법원의 견학 프로그램을 신청하는 것도 좋습니다. 법원마다 다르기는 하지만 재판을 어떻게 진행하는지 알려 주고, 더욱 생생하게 법정 체험을 할 수 있는 모의재판을 열어 주기도 하거든요. 판사와 기념 촬영을 해 주거나 기념품을 나누어 주는 곳도 있습니다.

꼭 결혼해야 가족일까?

눈치챘겠지만 가족법은 전통적인 가족 형태를 전제로 하고 있습니다. 남녀가 결합하고 자녀가 태어난 가정에서 일어나는 일들을 예정하고 있지요. 친양자나 사실혼 같은 예외 역시 가능한 한 일반적인 가정처럼 꾸리기 위한 제도입니다.

현실은 어떨까요? 결혼하지 않는 비혼, 맞벌이하면서 자녀를 가지지 않겠다는 딩크족, 각자의 자녀와 함께 재혼한 가정 등 다양한 형태의 가족이 생기고 있지요. 단적으로 전체 가구의 30% 이상이 혼자 생계를 꾸리는 1인 가구입니다. 따라서 지금의 법과 제도만으로는 부족하지 않을까요?

특히 동성 결혼을 허용할 것인지 종종 사회적 논란이 일어납니다. 동성 부부의 혼인 신고를 받아 달라는 재판이 열리기도 하는데요. 찬성하는 입장은 무엇보다 개인의 자유라는 점을 강조합니다. 성 소수자라는 이유로 차별하는 것은 불합리하다고 하지요. 성적

취향은 개인이 선택할 수 있는 문제가 아니기 때문에 성 소수자에 대한 사회적 배려가 필요하다고 주장합니다. 동성 결혼을 받아들이는 나라가 늘어나고 있다는 사실도 지적하고요.

반대하는 입장에서는 엄연히 남녀를 구별해 정하고 있는 법들을 근거로 듭니다. 사회가 유지되려면 혼인이 출산으로 이어지고 새로운 구성원이 태어나야 한다는 점을 강조합니다. 가뜩이나 출산율이 낮은 우리 사회에서 동성 결혼까지 허용하면 안 된다는 것이지요. 또 이성 결혼은 인류가 오랜 기간 유지해 온 전통이기 때문에 여전히 동성 결혼을 합법화하지 않은 국가가 압도적으로 많다고 반박합니다.

동성 결혼이 아니더라도 법에 따른 부부가 아닐 경우 겪는 불이익은 상당합니다. 함께 살 집을 마련하기 위해 은행에서 대출을 받을 때도 법률혼에만 혜택을 줍니다. 병원에서 수술하거나 입원할 때도 서로 보호자로 인정받을 수 없지요. 가족이 아니니까요. 동의할 사람이 없는 바람에 응급 시술을 받지 못할 수 있습니다. 심지어 상대방이 세상을 떠나도 장례 치를 자격이 없습니다.

이런 현실을 받아들여 2024년 대법원은 동성 배우자라도 직장 건강 보험의 피부양자로 등록할 수 있다는 판결을 내리기도 했습니다. 실질적인 부부로까지 인정한 것은 아니지만, 경제적 공동체로서의 법적 권리를 일부나마 가질 수 있다는 취지였습니다.

변호사 아빠와 떠나는 '민주주의와 법' 여행

동성 부부가 아니더라도 생활을 함께하는 동반자로서 비슷한 처지에 놓인 사람들이 있을 것입니다. 법은 국민을 위한 것이기에 변화하는 사회 현실을 반영해야 합니다. 하지만 너무 앞서 사회 질서를 깨는 일 역시 바람직하지 않습니다.

여러분 생각은 어떤가요? 지금까지의 가족과는 다른 가족을 인정해야 할 때일까요?

생각거리 1 다양한 형태의 가족을 인정하려면 남녀의 결혼을 전제로
한 지금의 가족법을 바꾸어야 할 수 있습니다. 새로운 법
을 만든다면 가족의 개념을 어떻게 정의해야 할까요?

생각거리 2 아버지, 어머니로 이루어지지 않은 가족에서도 청소년이
신체적·정신적으로 건강하게 자랄 수 있으려면 어떤 사회
적·제도적 변화가 필요할까요?

슈퍼 히어로가
범죄자라고?
-형법의 이해

민주와 여덟째 날에도 법원에 가 보기로 했습니다. 대신 오늘은 형사 법정으로 향합니다. 이곳은 민사 법정과 자리 배치부터 다르다고 설명해 주었는데요. 누군 가에게 형벌을 내리기 위한 재판이니까 아무래도 보다 엄격하고 까다로운 절차 에 따라 진행하겠지요. 흉악범일 수도 있는 사람을 직접 본다고 생각하니 민주가 살짝 떨리나 봅니다.

변호사 아빠와 떠나는 '민주주의와 법' 여행

오늘의 대화 (오전 9시)

벌을 주는 손과
받는 손

민주 오늘은 형법 이야기를 하기로 했잖아요. 뭔가 무서우면서
도 재미있을 거 같아서 기대돼요.

아마 모든 아이가 잘못하면 엄마한테 혼난다는 걸 말도 하기 전
에 알 거 같아요. 그렇게 보면 형법은 가장 오래된 법이라고 해야겠
네요. 그런데 형법에도 민주주의 원리가 통하나요? 처벌받는 입장
에서 자신이 국가의 주인이라고 생각하기는 어려울 거 같아서요.

아빠 어쩌면 법에 대한 가장 쉬운 오해일 거야. 종교나 윤리 역
시 그렇게 가르치지. 죄를 많이 지으면 지옥에 떨어져 벌을 받는
다고 하잖아. 사극에서는 "죄인을 매우 쳐라!"라고 외치는 장면이

쉽게 등장하고. 신이나 왕이 위에서 아래로 벌을 내리는 거지.

인류는 고대 그리스 이후 2,000년 동안 민주주의를 잊고 살았다고 했지? 그 오랜 기간 쌓였던 인식을 하루아침에 깨기란 쉽지 않을 거야.

지금의 형법은 그때와 분명히 달라. 앞서 절도죄를 처벌하는 이유는 단지 도덕적으로 나빠서가 아니라고 했지? 시장 경제에서 다른 사람의 재물을 가져오려면 정당한 계약을 거쳐야 하잖아. 도둑질은 그런 질서를 깨는 일이니까 형사 처벌로 대가를 치르는 거야. 국민을 대신해 그렇게 하자고 국회 의원들이 정했고. 벌을 주는 손과 받는 손, 투표를 한 손은 사실 같은 손이야. 우리끼리의 약속이니까.

여럿이 함께 살기 위해 정한 규칙이 법이야. 운동장에서는 공놀이를 자유롭게 하지만, 큰길이나 교실로 가면 어떻게 할 건지 정한 게 법 중에서 형법이지. 꼭 형식적으로 '형법'이라고 정해 놓은 것만을 가리키지는 않아. 차량과 보행자, 도로와 신호 체계를 다루고 있는 도로 교통법에도 교통사고를 낸 운전자에 관한 벌칙 조항이 있거든. 이를 실질적 의미의 형법이라고 한다.

형법이 없으면 개인이 자유와 권리를 지키기 위해 나설 수밖에 없을 거야. 그리고 이 세상은 폭력이 난무하는 무질서한 사회가 되

1808년 영국 중앙 형사 재판소의 재판 모습을 그린 그림

겠지. 따라서 공권력으로 보호할 필요가 있는 개인과 사회의 이익
을 형법으로 지키도록 했어. 이걸 보호적 기능이라고 해.

보호적 기능보다 중요한 건 보장적 기능이야. 법치주의란 그 누
구도 법에 의하지 않는 한 마음대로 권력을 휘두르지 못하는 거라
고 했잖아? 특히 형벌이 잘못 집행되면 국민의 자유와 권리를 심
각하게 침해할 수 있는 만큼 반드시 법률에 따라야 해. 권력자의
마음에 들지 않는다고 누군가를 감옥에 보내는 일은 절대로 없어
야 하지.

여기서 죄형 법정주의라는 중대한 원칙이 나왔어. 범죄의 종류
와 형사 처벌의 내용을 미리 법률로 정해 놓는 거야. 아무리 나쁜

행동이어도 그런 행위를 다스리는 법률이 없으면 국가는 형벌권을 행사할 수 없지. 그 내용 역시 국민의 자유와 권리를 지키기 위한 것이어야 해. 국회 의원들에게 못마땅한 일이라고 범죄로 정해서는 안 되는 거지.

예를 들어 먹거리에 까다로운 국회 의원이 잔뜩 모였다고 해 보자. 청소년 건강을 지킨답시고 매운 음식 판매를 형법으로 막으면 안 되겠지?

죄형 법정주의는 여러 가지 내용을 담고 있어. 우선 국민이 미리 알 수 있도록 법전에 성문의 법률로 딱 적어 놓아야 해. 이걸 다른 말로 관습 형법 금지의 원칙이라고 하는데, 그래야 모르고 저지르는 범죄를 피할 수 있거든.

사적인 계약도 그 내용이 구체적이고 명확해야 한다고 했잖아. 따라서 형벌에 관한 약속은 더욱 구체적이고 명확해야겠지? 단순하게 '나쁜 짓'이라고 할 수는 없으니까. 그래서 같은 재산에 관한 범죄라도 행위에 따라 절도, 강도, 사기 등으로 나누고 그에 맞춘 법 조항이 있어. 이걸 명확성의 원칙이라고 한단다.

또 주인 모르게 훔치는 절도보다는 폭력으로 빼앗는 강도를 더 무겁게 처벌하는 식으로 균형도 맞춰야겠지? 이건 적정성의 원칙이야.

기존에 없던 법을 만들어 거슬러 적용하는 것도 안 돼. 세상이

빠르게 변하다 보니 법률에 없는 일들이 종종 일어나곤 한단다. 그 중에는 분명히 나쁜 행위도 있겠지. 그렇다고 오늘은 법전에 없었는데 내일 형법에 포함해서 처벌하면 어떻게 될까? 국민 입장에서는 뭘 하더라노 나중에 범죄가 될 수 있으니 불안해서 살 수 없겠지? 이건 소급효 금지의 원칙이라고 해.

마찬가지 이유에서 딱 떨어지는 것이 없다는 핑계로, 비슷해 보이는 법률을 끌어다 적용하면 안 된단다. 이는 유추 해석 금지의 원칙이야.

격투기 선수와
다섯 살 어린이

민주 오늘은 죄형 법정주의에 대해 자세히 알게 되었네요. 그런데 아빠, 이 원칙의 적용을 받는 국민이 형법을 전혀 모르면 어떡해요? 구체적으로 형법에서는 어떻게 범죄를 정의하는지 궁금해요. 상식적으로 나쁘다고 하는 생각과 어떻게 다른지 말이에요.

아빠 범죄는 실질적인 의미의 형법 법 조항으로 금지하고 있는 행위를 가리킨단다. 여기에 해당할 경우 형벌을 받게 되지. 형법 뿐만 아니라 모든 법의 적용은 우선 정확한 사실 관계를 파악하는 일에서 시작해.

건장한 청년과 다섯 살 어린이가 주먹을 마구 휘두르고 있다고 해 보자. 이들이 폭행죄를 저지른 건지 따져 보는 거야.

형법은 범죄인지 정하기 위해 세 가지 요건을 검토해. 우선 형법 제260조 제1항 "사람의 신체에 대하여 폭행을 가한 자"를 구성 요건이라고 하는데, 누구를 혹은 무엇을 향해 주먹을 휘두르는지 파악하는 거야. 춤추고 있을 수도 있고, 샌드백을 때리고 있을 수도 있잖아.

상대가 사람이라면 일단 구성 요건에 해당해. 우리 법원은 '사람의 신체에 대한 물리적 유형력'을 폭행이라고 정의하고 있거든. 법 조항의 단어가 구체적으로 어떤 뜻인지 해석할 수 있는 권한은 법원이 가지고 있어.

구성 요건에 해당한다면 범죄일 가능성을 두고 다시 소극적 요건을 따져 봐야 해. 분명히 형법에 어긋나는 행위지만 불법은 아닐 수 있는 특별한 사정인 위법성 조각 사유는 없는지, 책임 능력은 있는지 말이야. 폭행죄 법조문에는 없지만 모든 개별 조항마다 적용하도록 형법 총칙에 정해 놓았거든.

위법성이란 상황에 대한 가치 판단이야. 법질서 전체의 시각에서 나쁜 일인지 따져 보는 거지. 청년이 길거리에서 싸우는 게 아니라 격투기 대회에 출전한 거라면 위법성이 없겠지? 일단 폭행의 구성 요건은 맞지만, 범죄로 볼 수는 없으니까.

위법성 조각 사유로 먼저 법령이나 업무 때문에 하는 정당 행위가 있어. 경찰관이 범죄자를 체포하거나 의사가 수술을 위해 환자의 몸에 칼을 대는 일이야. 행위 그 자체, 구성 요건만 놓고 보면 범죄일 수 있잖아.

다른 조각 사유인 정당방위에 관해 오해하곤 하는데, 형법 제21조 제1항에 따라 현재의 부당한 침해를 방위하기 위한 행위로 상당한 이유가 있어야 해. 상대방이 먼저 주먹질을 한 번 했다고 바로 맞서 싸우면 정당방위가 될 수 없지. '현재'도 침해가 계속되고 있어야 하고, 적극적인 공격은 '방위'로 보기도 어렵기 때문이야. 그러니까 그런 경우에는 최대한 피한 다음 경찰에 신고해야 해.

그 밖에 사나운 개가 쫓아오는 바람에 남의 집 안으로 뛰쳐 들어갔다면 긴급 피난으로 볼 수 있어. 구성 요건만 따지면 주거 침입에 해당하지만, 불법으로 여기지 않지.

훔친 자전거를 탄 도둑을 우연히 발견하고 실랑이 끝에 자전거를 되찾았다면 자구 행위로 용서받을 수 있어. 신고하는 것이 원칙이지만 경찰이 오기 전에 도둑이 도망가 버릴 테니까. 이외에 원래는 불법이지만 피해자 승낙이 있으면 용서해 주는 경우도 있단다.

구성 요건에 해당하고 위법한 행위를 했더라도 마지막 요건으로 책임 능력이 있었는지 검토해야 해. 다시 말해 자신이 하는 행위가 어떤 의미인지 명확하게 알았는지 보는 거야. 다섯 살 어린이

들끼리 싸웠다고 형벌을 줄 수는 없잖아.

다른 예로 건강 검진을 받다가 마취가 안 풀린 상태에서 저지른 행위에 대해서도 벌을 줄 수 없어. 이를 심신 상실이라고 하는데, 불법을 용서할 수 있기 때문에 아주 엄격하게 따진단다. 단순히 술에 취했다는 사정으로는 부족해. 심신 상실까지는 아닌 심신 미약일 경우에는 형벌을 깎아 주지.

형법은 14세 미만은 법적으로 책임 능력이 없다고 정해 놓았어. 처벌보다는 교화가 필요한 시기라고 보는 거지. 이 때문에 설령 14세 이상이라고 할지라도 미성년자인 18세까지는 형법보다는 가능한 한 소년법을 적용해. 검사의 선택에 따라 형사 재판 대신 가정 법원 소년부에서 재판을 받고 보호 처분을 받을 수 있지. 10세부터 13세까지 소년이라면 소년법만 적용할 수 있고.

이렇게 세 가지 요건 모두를 충족해야 비로소 범죄가 성립한단다. 그 과정에서 알게 된 사실들을 반영해서 형벌을 정하고. 폭행죄에 대해서는 형법 제260조 제1항에 따라 "2년 이하의 징역, 500만 원 이하의 벌금, 구류 또는 과료"에 처해.

같은 폭행이라고 해도 구체적인 내용은 많이 다르지? 판사가 조문에 정해진 형벌 중 범죄에 적합한 것으로 고르거든. 징역형인지 벌금형인지, 징역형이면 2년 이하에서 어느 정도 기간으로 할지 등 필요한 결정이 많아. 이를 위해 나이, 피해자와의 관계, 동기, 수

1913년경 오스트레일리아의 한 교도소에서 교육을 받고 있는 수감자들

단, 결과 등 범죄 이외의 사실도 파악해야 하지.

형벌은 직접 피해를 입은 사람에 대해서는 물론, 공동체 전체와의 약속을 저버린 대가를 치르는 일이야. 다른 범죄가 발생하지 않도록 예방하는 효과도 있고. 따라서 저지른 죄에 해당하는 만큼 벌을 정하는 것도 중요하지.

벌은 크게 네 가지로 나뉘는데, 우선 정말 심각한 경우 생명을 빼앗는 사형이 있어. 일정 기간 자유를 제한하는 징역, 금고, 구류도 있지. 공무원을 맡거나 투표를 할 수 있는 자격을 상실시키거나 정지시키는 명예형이 있고 벌금, 과료, 몰수라는 재산형도 있단다.

충분히 대가를 치렀으면 사회에 돌아오도록 하는 것도 형벌의 목적이겠지? 교도소에서 이러한 과정을 준비하도록 돕는단다. 무엇보다 다시 범죄를 저지르지 않아야 다른 사람들이 불안하지 않잖아. 따라서 형벌과는 별도로 여러 가지 수단이 마련되어 있어.

마약이나 알코올에 중독된 사람이라면 처벌뿐만 아니라 교육과 치료가 필요하겠지. 그래서 이러한 사람들에게는 치료 감호를 명령해. 징역형을 받더라도 교도소에 가지 않거나 조금 일찍 풀려나기도 하는데, 이런 경우에는 사회생활에 적응할 수 있도록 일정 기간 보호 관찰을 하지. 전문 기관에서 필요한 교육을 받도록 수강 명령을 내리기도 하고.

누구도
신은 아니다

민주 역시 형법에도 흥미진진한 이야기가 담겨 있네요. 드라마나 영화를 보면 온갖 범죄가 다 일어나잖아요. 형법에 관한 설명을 듣고 보니 구체적으로 어떤 범죄인지 따지고 벌을 정하는 일이 쉽지 않을 것 같아요. 이럴 때 어떤 과정을 거치는지 궁금해요.

아빠 국가는 수사와 재판으로 범죄자와 범죄 사실을 드러내고 실체적 진실을 밝혀. 그에 맞는 형벌과 보안 처분을 정해 집행하고. 이러한 과정 전체를 형사 절차라고 해.

형법은 국민의 자유와 권리를 침해하지 않기 위한 보장적 기능을 가진다고 했잖아. 따라서 형사 절차에서도 억울한 피해자를 만들지 않아야 해. 진실 못지않게 적법한 절차를 지키는 일이 중요하지.

　엄청나게 싸움을 살하는 형사나 슈퍼 히어로가 능장하는 영화를 보면 이런 장면이 꼭 나와. 동료들이 영장이 있어야 한다며 말려도 막무가내로 문을 박차고 들어가지. 증거가 없어도 포기하지 않고 범인의 자백을 받아 내고. 빈정거리는 악당을 묵직한 주먹으로 깔끔하게 굴복시키고, 양복을 차려입은 변호사가 법이 어쩌고 저쩌고 해도 한 귀로 흘려 버리지.

　그런 인물들이 멋있어 보이는 이유는 무엇일까? 영화에서는 범인이 누구인지, 무슨 짓을 저질렀는지 관객에게 알려 줘. 어떤 일이 있었는지 뻔히 아는 관객의 눈에 법은 무기력하기만 하지. 그럴 때 영웅들이 등장해 속을 후련하게 해 주니 멋있을 수밖에.

　하지만 현실에서도 그럴까? 신이 아닌 한 누구도 지나간 시간에 벌어진 일을 완벽하게 알 수는 없어. 무고한 사람에게 범인이라고 몰아붙이면 어떨까? "바른말을 할 때까지 매우 쳐라!"라는데 끝까지 버틸 수 있는 사람은 없을 거야.

　영화와 달리 공권력은 매우 강하단다. 수사와 재판을 업무로 하는 수많은 전문가로 이루어졌지. 형사 한 명이나 슈퍼 히어로 한 명처럼 개인에 비교할 바가 아니야.

형사 절차는 어떻게 하면 국민이 다치지 않게 힘을 쓸 것인지에 초점을 맞춰. 그래서 가능한 한 빠른 시기부터 법원이 중심에 서도록 했지. 의심하는 경찰, 검찰과 의심받는 사람 사이에서 제3자로서 균형을 잡는 거야.

수사는 범죄가 발생했다고 여겨질 때 범인을 잡고 증거를 찾는 활동이야. 112 신고, 고소, 고발, 범죄 현장 발견, 언론 보도 등 다양한 단서로 수사를 개시하지. 참고로 고소는 직접 피해를 입은 사람이, 고발은 다른 사람이 피해를 입었다는 사실을 알게 된 제3자가 수사 기관에 범인을 처벌해 달라고 요청하는 일이란다.

가장 먼저 경찰이 범죄 현장을 둘러보고, 목격자를 찾는 장면을 떠올리면 될 거야. 수상쩍은 사람이 있더라도 일단은 협조를 구해 이야기를 듣지. 이를 강제력을 동원하지 않는 임의 수사라고 해.

수사 단계에서 범인으로 의심하는 사람을 피의자라고 하는데, 처음부터 수갑을 채울 수는 없어. 제3자인 법원만이 국민의 자유와 권리를 제한할 수 있지. 강제 수사인 체포나 구속이 필요하면 원칙적으로 법원에 이유를 설명하고 영장을 받아야 해. 집이나 물건을 압수 수색할 때도 마찬가지지.

범인이 확실하다고 할 만큼 증거를 충분히 찾으면 재판에 넘길 준비를 해야겠지. 경찰이 수사했으면 피의자와 함께 수사 기록과 증거를 검찰로 넘겨. 이를 다른 말로 검찰 송치라고 해. 법률 전문가인 검사가 한 번 더 검토하는 거야. 역시 억울한 사람을 만들지

않기 위한 장치라고 보면 돼.

검사 또한 범죄라고 판단하면 재판으로 넘어가고, 이를 기소라고 해. 그렇지 않으면 기소하지 않는다는 뜻인 불기소 처분을 하고. 어느 쪽이든 수사는 끝이 나고 본격적으로 법원이 사건을 맡게 되지. 이게 수사 종결이란다.

형사 재판은 수사처럼 누군가를 범인으로 의심하는 절차가 아니야. 유죄라는 검사의 주장에 대해 피고인은 인정할 수도 있고 부인할 수도 있지. 양쪽이 대등한 위치라는 사실을 분명히 하기 위해서 명칭도 피고인이라고 한단다.

재판은 어느 쪽 주장이 옳은지 가리는 과정이야. 피고인이 부인하면 검사가 범죄 사실을 증명해야 하지. 증거가 없으면 아무리 의심스러워도 무죄야. 피고인은 설령 유죄를 인정하더라도 형벌을 낮추기 위해 자신에게 유리한 사실을 주장하고 증명할 수 있지.

판사는 충분히 양쪽의 목소리를 듣고 증거를 검토한 다음 판결해. 유죄로 봤으면 앞서 이야기한 형벌 중 하나를 선고하는데, 징역형을 선고하면서 바로 교도소에 보내지 않고 미룰 수도 있어. 아무래도 무거운 범죄가 아닐 때 가능하겠지?

집행 유예라고 해서 일정한 시간을 정해 놓고 반성하는 태도로 잘 지내면 선고의 효력을 없애 주기도 해. 선고 유예라고 해서 진짜 가벼운 죄라면 아예 선고를 미루기도 하고.

변호사 아빠와 떠나는 '민주주의와 법' 여행

검사든 피고인이든 판결을 받아들이지 않고 상소할 수 있어. 1심부터 대법원까지 세 번 재판을 받을 수 있지. 판결이 확정되면 벌을 받는 수형자로 신분이 바뀌어. 다시 검사가 맡아서 정해진 형벌을 집행하게 되지.

교도소에 간 다음에도 반성할 수 있는 기회가 있어. 모범적인 생활을 한 사람은 가석방이라고 해서 정해진 기간보다 일찍 풀려 나올 수 있단다.

오늘의 대화 (오후 1시)

99명의 범인을
놓치더라도

민주 제 생각보다 훨씬 복잡하네요. 그런데 걱정이 하나 생겼어요. 너무 까다롭게 따지면 수사를 제대로 못 할 거 같아요. 사회에 정의를 실현하려면 범죄자를 보호하고 반성의 기회를 주는 것보다 피해자의 자유와 권리를 더 보호해야 하는 게 아닌가 싶기도 하고요.

아빠 물론 그렇지. 지켜야 할 개인이나 사회의 이익을 보호 법익으로 삼아 형법을 만들었다고 했잖아. 재산권을 보장하기 위해 절도죄를 만든 거지. 다만 그 과정에서 억울한 일이 생기지 않도록 조심하자는 거야. 법은 기본적으로 사람을 믿지 않거든. 나쁘게 본

변호사 아빠와 떠나는 '민주주의와 법' 여행

다는 뜻이 아니고, 실수할 수밖에 없는 존재가 사람이라는 거지.

어쩌면 민주도 선입견을 가지고 누군가를 잘못 대한 적이 있을 거야. 하물며 강력한 힘을 가진 수사 기관이 그런 오해를 하면 큰 희생이 생길 수 있겠지? 죄도 없는데 범죄자로 몰려 10년쯤 교도소에 갇혀야 한다고 생각해 봐. 무엇으로도 회복할 수 없는 손해겠지.

이게 99명의 범죄자를 놓치더라도 한 명의 억울한 사람을 만들면 안 되는 이유란다. 이를 위해 형사 절차에서 인권 보호를 위한 원칙들을 두고 있고.

우선 피의자나 피고인이어도 유죄 판결을 받을 때까지는 '무죄 추정의 원칙'으로 대해. 이에 따라 수사나 재판은 원칙적으로 불구속 상태에서 받지. 무죄를 입증할 증거가 어딘가에 있는데 정확하게 기억나지 않는다고 해 봐. 다른 사람 도움으로는 한계가 있겠지. 따라서 갇힌 채로는 방어권을 행사할 수가 없을 거야.

설령 수사 과정에서 체포하거나 구속해야 할 사유가 있더라도, 영장 제도에 따라 수사 기관이 아닌 법원의 판단에 따라야 한다고 했잖아. 검사가 영장을 청구하면 구속 전 피의자 심문 제도에 따라 판사는 서류만 보는 게 아니라 직접 피의자를 만나 보고 결정해.

일단 구속된 피의자라도 구속 적부 심사 제도에 따라 더는 구속 필요성이 없으면 다시 살펴봐 달라고 법원에 요청할 수도 있어. 보석 제도에 따라 일정한 보증금을 내고 풀려나 재판을 받을 수도

미국 국경 순찰대 요원이 체포자에게 미란다 원칙을 읽어 주고 있는 모습

있고. 다만 현행범이나 긴급 체포처럼 예외 규정도 만들어서 융통
성을 발휘하고 있지.

이처럼 수사와 재판의 모든 과정은 법이 정한 대로 이루어지도
록 '적법 절차의 원칙'을 지켜야 해. 이와 관련해 대표적으로 미란
다 원칙을 들 수 있어. 범죄자로 의심하는 사람을 체포할 때는 반
드시 그 이유와 함께 변호인의 도움을 받을 수 있는 권리, 진술을
거부할 수 있는 권리가 있다고 알려 줘야 한단다.

공권력을 상대해야 하는 개인이 어느 정도 대등한 위치에 설 수
있도록 헌법은 변호인의 도움을 받을 수 있게 했고, 이를 확실히
하기 위해 국선 변호인 제도도 두었어.

또한 고문처럼 강요를 받아 불리한 사실을 인정하지 않게끔 진

변호사 아빠와 떠나는 '민주주의와 법' 여행

술 거부권을 보장해. 이를 어기고 얻어 낸 진술과 증거는 법원에서 아예 받아 주지 않아. 실제 있더라도 법적으로는 없다고 취급하지.

이런 절차에도 불구하고 간혹 억울한 옥살이를 했다는 사연이 뉴스에 나오지? 그만큼 정확한 판결은 어려운 일이야.

구속 수사를 받았는데 무죄로 밝혀졌거나 재판에 넘겨지지 않은 경우, 유죄 판결을 받고 복역했는데 재심으로 무죄 판결이 난 경우 국가는 형사 보상 제도에 따라 돈으로나마 보상해야 해. 만약 수사 기관이 일부러 죄를 덮어씌웠다면 국가 배상 제도에 따라 훨씬 크게 물어 주어야 하지. 재판에 넘겨졌지만 무죄를 받았다는 사실을 주변에 알릴 수 있도록 명예 회복 제도도 마련해 놓았어.

물론 피해자를 위한 배려도 잊지 않았지. 이유도 없이 누군가로부터 폭행을 당해 크게 다쳤다고 해 보자. 가해자를 처벌하는 것도 필요하지만 그것만으로 피해가 회복되지는 않겠지?

원래는 피해자가 가해자에게 민사 소송으로 치료비를 청구해야 하는데, 불편을 줄이기 위해 배상 명령 제도에 따라 형사 재판에서 손해 배상까지 받을 수 있도록 했어. 만약 가해자가 돈이 없어서 피해자가 어려움을 겪는 상황이라면 범죄 피해자 구조 제도에 따라 국가가 지원해 주기도 한단다.

오늘의 방문 (오후 2시)

지방 법원 형사 법정

이번에는 형사 법정에 가 봅시다. 민사 법정과 같은 법원 건물 안에 있으니까 1층 게시판에서 찾아보면 됩니다.

형사 재판은 민사 재판과 마찬가지로 누구든지 언제나 볼 수 있습니다. 법정에서 직접 이루어지는 절차가 많아서 형사 재판이 볼 수 있는 것도 많습니다. 쟁점이 간단한 단독 사건이라면 전체 절차를 파악하기도 쉽지요. 그러니까 기왕이면 한 사람의 판사가 있는 법정에 가세요.

법정 문으로 들어서면 민사 법정과 다른 점을 찾을 수 있을 텐데요. 판사를 마주 보고 원고와 피고가 나란히 앉는 민사 법정과

형사 재판의 자리 배치

자리 배치부터 다릅니다. 형사 법정에서는 방청석에 있는 문 쪽에서 볼 때 왼쪽이 검사, 오른쪽이 피고인(변호인) 자리인데요. 검사와 피고인이 마주 보고 앉는 것입니다. 재판에 넘겨지면 수사받을 때와 달리 대등한 위치라고 했잖아요. 공간에서부터 그러한 점을 드러내는 것입니다.

판사가 앉는 법대 바로 앞에 법원 직원들이 있는 것은 똑같습니다. 판사 가까이 증언대를 마련하고요. 일반 시민이 배심원으로 참여하는 국민 참여 재판에서는 검사 뒤편에 배심원식을 배치합니다.

또 다른 중요한 차이가 방청석과 재판정 사이에 무릎 높이의 칸

막이 문이 있다는 점인데요. 이에 대해서는 맨 뒤에 말씀드리겠습니다.

　형사 재판은 판사가 피고인을 불러 이름, 나이, 주소, 직업 등을 확인하는 인정 신문으로 시작합니다. 사소해 보일 수 있지만 엉뚱한 사람을 감옥에 보내면 안 되잖아요. 피고인에 관한 첫 번째 재판이라면 검사가 일어나서 어떤 혐의를 받고 있는지 공소 사실과 죄명을 낭독하는 모두 진술을 합니다. 이를 듣고 난 피고인(변호인)은 범죄를 인정하거나 부인한다는 의사를 표시하지요. 인정하면 그것으로 재판은 끝입니다.

　피고인이 부인하면 판사가 앞으로 재판을 어떻게 진행할지 정하는데요. 검사와 피고인(변호인)에게 물어 쟁점을 정리하고, 주장과 입증 계획을 말하게 합니다. 범죄를 저질렀다는 사실은 검사가 입증해야 한다고 했잖아요. 따라서 검사가 먼저 수사 과정에서 수집한 증거들을 제출하면서 증거 조사를 시작합니다.

　증거 조사라고 해서 갑자기 판사가 돋보기를 꺼내 들고 증거를 찾는 것이 아닙니다. 이를테면 흉기를 찍은 사진을 내면서 범죄에 쓰인 것이라고 하는 거예요. 목격자가 검찰청에 나와 이야기한 내용을 정리해 진술서를 내기도 하고요.

　그런 식으로 검사가 정리한 증거들을 피고인이 동의하면 그것을 기초로 판결합니다. 그렇지 않으면 증거로 쓸 수 있는지부터 다투게 됩니다. 목격자라면 직접 법정에 증인으로 출석해 판사 앞에서 보고 들은 사실을 이야기합니다. 각자에게 유리한 방향으로 검사가 질문하고, 피고인(변호인)도 반대 신문을 합니다. 증거 조사가 핵심이지만 피고인을 직접 신문하기도 합니다.

그런 과정을 모두 마치면 검사가 종합 정리를 한 다음 어떤 형을 내려 달라고 의견을 진술하고요. 마지막으로 피고인(변호인)이 최후 진술을 합니다. 억울하다고 할 수도 있고, 용서를 빌 수도 있겠지요. 판사는 그 자리에서 바로 선고를 하는 것이 아니라 언제 다시 법정에 나와야 하는지 알려 주고 재판을 끝냅니다. 이것을 심리 종료라고 하지요.

판결 선고를 하는 날, 판사가 이름을 부르면 피고인은 일어서서 판결을 듣는데요. 결론만 알려 주는 것이 아니라 어떤 증거로 유죄 혹은 무죄로 보았는지, 형량은 어떻게 정했는지 요지를 알려 줍니다.

앞서 형사 재판은 칸막이 문 안쪽에서 이루어진다고 했잖아요. 판사가 징역형을 선고하면서 바로 구속하라고 하면 피고인은 그 문밖으로 나오지 못합니다. 재판정 한편에 있는 다른 작은 문을 통해 구치소나 교도소로 끌려가지요. 형사 법정에 가면 이 모든 과정을 볼 수 있습니다.

끔찍한 범죄, 어떻게 처벌할까?

간혹 믿기지 않을 만큼 끔찍한 범죄에 관한 소식이 들립니다. 사람이 어떻게 그런 짓을 저질렀을까 싶을 정도지요. 그런 범죄자는 사람으로 대우해 줄 필요가 없다는 생각이 들기도 합니다. 국민이 낸 세금으로 먹고 자게 해 주는 것이 아깝다는 목소리도 나옵니다. 아주 무겁게 처벌해야 한다고도 합니다. 그래야 그런 범죄를 막을 수 있다고요.

형벌은 죄에 대한 대가인 동시에 다른 범죄를 예방하는 효과가 있다고 했습니다. 그렇다면 어느 정도가 적당할까요? 엄하게 벌할수록 좋은 것일까요?

가볍게 처벌하면 겁을 먹지 않아서 나쁜 일을 반복할 가능성이 클 것입니다. 극단적으로 아예 평생 감옥에 가둬 버리면 적어도 다시는 죄를 짓지 못할 것입니다.

안전한 세상을 만들기 위해서는 강하게 처벌해야 한다는 의견

변호사 아빠와 떠나는 '민주주의와 법' 여행

을 실천에 옮긴 사례가 있습니다. 미국 캘리포니아를 비롯한 여러 주에서 도입한 삼진 아웃 제도인데요. 같은 범죄를 세 차례 이상 저지르면 25년 형이나 종신형으로 다스리는 것입니다. 사소한 범죄라도 자칫 종신형에 처해질 수 있다는 두려움을 주면 범죄를 줄일 수 있다는 발상이었습니다.

실제로 이 제도 덕분에 일정 기간 치안이 좋아지기도 했다고 합니다. 하지만 시간이 지나면서 부작용도 만만치 않게 드러났습니다. 세 번째에는 붙잡히지 않기 위해 범죄가 더욱 교묘해졌고요. 신고를 막기 위해 사소한 일로 사람을 죽이는 일까지 벌어졌습니다. 감당하기 어려울 만큼 교도소가 넘쳐나기도 했고요. 결국 이 제도는 대부분 완화되거나 폐지되었습니다.

사실 우리나라에도 비슷한 처벌 규정이 있습니다. 음주 운전으로 두 번 이상 적발되었을 때는 훨씬 무겁게 처벌하는데요. 적용 대상을 너무 넓히는 바람에 위헌 결정으로 없어지기도 했습니다. 법을 정비해 다시 시행하고 있기는 한데요. 이로 인해 음주 운전이 줄어들었는지는 명확하지 않습니다.

법을 바꾸지는 않았지만, 강력 범죄에 대해서는 꾸준히 처벌이 무거워졌는데요. 2010년과 비교했을 때 10년 뒤에는 실인죄를 저지른 경우 평균 4~5년 더 징역형을 살았습니다. 하지만 같은 기간 강력 범죄 자체가 줄어들었는지는 역시 명확하지 않습니다.

자연스레 무거운 형벌로는 범죄를 예방할 수 없다는 반론이 나옵니다. 오랫동안 교도소에 있으면 사회에 복귀하기 어려운 만큼 다시 범죄를 저지르게 된다고 합니다. 따라서 범죄자 개인의 책임보다는 교화를 제대로 하지 못한 국가의 책임이 크다는 것이지요. 처벌보다 치료와 교육을 강조하는 입장입니다.

　어느 쪽에 더 무게를 두어야 할까요? 사회가 처해 있는 상황에 따라서도 달라질 텐데요. 민주주의 국가인 만큼 결국 선택은 법의 주인인 우리 몫이겠지요.

공권력에 의지하지 않고 개인이 직접 범죄자 처벌에 나서는 내용의 영화와 드라마가 있습니다. 현실에서 그런 일이 벌어지면 어떤 문제가 생길지 따져 봅시다.

청소년 범죄가 늘고 있다면서 청소년에게도 무거운 형벌을 내려야 한다는 목소리가 있습니다. 형벌을 부과할 수 있는 연령도 낮추고요. 이런 변화가 필요할지 고민해 봅시다.

양치기 소년은
억울하다?
-근로자의 권리

여행의 마지막 날, 민주와 서울시 종로구에 있는 아름다운 청년 전태일 기념관을 찾아가기로 했습니다. 민주가 친구들과 쇼핑하러 가는 곳에서 가깝다고 하더라고요. 기념관 일대는 전태일이 근로자들의 처우 개선을 위해 싸웠던 시절부터 우리나라 섬유 산업의 중심지였습니다. 경제적으로 발전한 오늘의 대한민국과 그의 희생은 어떤 관계가 있을까요?

중고등학교 교과서 연계 단원

중학교 사회

11 일상생활과 법
다양한 생활 영역과 법

고등학교 정치와 법

5 사회생활과 법
근로자의 권리

오늘의 대화 (오전 10시)

모두가 나서면
달라진다

민주 오늘이 마지막 날이라니 믿기지 않아요. 8박 9일의 짧은 여정이었지만 민주주의와 법이랑 친한 친구가 된 기분이에요.

돌이켜 보니까 아빠가 매일 빠짐없이 민주주의를 강조하셨더라고요. 주인 의식을 가져야 한다는 건 충분히 알겠는데요. 현실적으로 개인들에게 맡겨 놓기에는 어려운 부분이 많지 않을까요? 예를 들어 사회적 약자를 보호하는 건 국가가 해야 할 일 같아서요.

아빠 물론 그렇지. 사람들은 절대 권력의 간섭과 통제에서 벗어나면서 민주주의를 찾았어. 그런 만큼 개인의 자유를 강조했는데, 그렇다고 국가가 국민의 삶을 손 놓고 바라보기만 한다면 국가를 이루고 살 이유가 없겠지?

무엇보다 자본주의가 발전하면서 이전과 비교할 수 없을 만큼 경제 규모가 커졌어. 빈익빈 부익부, 독점 기업 같은 부조리한 상황도 나타났고.

이를 극복하기 위해 민법의 3대 원칙을 수정했다고 했잖아. 개인의 자유에만 맡기지 않고 국가가 개입하기 위한 법이 만들어진 거지. 공법과 사법의 중간 영역을 다루는 사회법 말이야.

실업이나 재해 등으로부터 지켜 주는 고용, 산업 재해 보상과 더불어 국민 건강을 위한 보험, 국민연금 등 사회 보장을 위한 분야가 대표적이지. 경제 분야에서 기업들 사이의 균형을 맞추는 공정 거래법 등도 있고, 근로자의 생존권과 사회적 지위를 보장하는 근로 기준법과 노동조합법 등 노동법도 있어.

그중 민주의 실생활에도 영향을 끼치는 노동법에 대해 조금 더 알아볼까? 헌법 제32조 제1항 전문에 따르면 모든 국민이 근로의 권리를 가져. 일할 수 있는 권리는 기본권 중 하나라고 확인한 거야. 민법에서는 개인들끼리 노동력을 제공하고 그 대가를 받는 계약을 고용 계약이라고 해. 그런데 굳이 헌법에서 따로 '근로'라는 이름을 붙인 이유가 뭘까?

계약 자유의 원칙을 고집하면 누구를 고용해서 무슨 일을 시키든지 자유야. 얼마나 대가를 지급할지도 마찬가지지. 헌법은 그걸

변호사 아빠와 떠나는 '민주주의와 법' 여행

미국 노동자들이 근로권 보장을 요구하며 행진하는 모습

제한하는 거야. 국가가 적정 임금을 보장하고, 내용과 조건을 법률로 정하라고 하지. 제32조 제1항, 제2항, 제3항에 따라 인간의 존엄성을 보장하는 수준으로 말이야. 따라서 일자리를 두고 개인들끼리 마음대로 할 수 없어. 법률로 정해 놓은 근로 계약을 체결해야 하는 거지.

애초에 노동법이 등장한 이유로 돌아가 볼까? 아무리 국가가 기준을 제시하더라도 근로 계약이 제대로 지켜지기는 쉽지 않겠지. 대기업 회장님과 그 기업에 들어가고 싶어 하는 사람은 현실적으로 대등한 위치가 아니니까. 지원자가 위험한 일을 도맡거나 낮은 임금을 감수해야 할 수도 있어. 이미 일하고 있는 직원의 상황도 크게 다르지 않을 거야.

따라서 개인 한 사람이라면 일하는 곳에 헌법을 지켜 달라고 말하기 어렵겠지. 하지만 열 사람, 스무 사람, 나아가 그 기업에서 일하는 직원 대부분이 나서면 달라질 거야. 헌법 제33조 제1항에서 근로자에게 근로 조건의 향상을 위해 단결권, 단체 교섭권 및 단체 행동권이라는 근로 3권을 보장하고 있거든. 헌법에서 보다 구체적으로 노동조합 및 노동관계 조정법도 만들었고.

이에 따르면 근로자들은 회사 내에 노동조합을 만들어 모일 수 있고, 개인들을 대표하는 노동조합이 나서서 임금과 근로 시간 등을 회사와 대등한 위치에서 교섭할 수 있어. 교섭이 안 되는 경우에는 최후 수단으로 파업 같은 단체 행동까지 보장하지. 일하지 않는다면 근로 계약 위반이고 회사의 업무를 방해하는 불법일 수 있지만, 이럴 경우에는 법적 책임을 면제해 줘.

간혹 노동조합에 가입하지 않을 것을 채용 조건으로 삼는 회사도 있는데, 그런 식으로 근로 3권을 침해하면 부당 노동 행위로 제재를 받는단다.

변호사 아빠와 떠나는 '민주주의와 법' 여행

오늘의 대화 (오전 11시)

사람은
기계가 아니다!

민주 계약 자유의 원칙을 제한하면서까지 내용과 조건을 법률로 정한다는 부분이 제일 놀라워요. 어떤 걸 법률로 정한 건지 자세히 알고 싶어요. 그리고 제가 나중에 사회생활을 할 때 어떤 근로 조건에서 일하는 건지도 궁금하고요.

아빠 헌법의 취지에 맞게 근로 조건을 정한 법률이 근로 기준법이야. 사람은 기계가 아니니까 쉴 틈 없이 움직이면 안 되겠지? 중간중간 휴게 시간이 있어야 하고, 정해진 날만큼 빠지지 않고 일했다면 일주일에 한 번 이상은 휴일로 쉬게 해 줘야 할 거야. 전체 근로 시간은 원칙적으로 일주일에 40시간을 초과할 수 없도록 한계를 정해 놓았어.

또 간신히 먹고살 정도의 임금만 받는다면 인간다운 생활이라고 볼 수 없겠지. 따라서 근로의 대가인 임금은 최저 임금 이상을 정해진 날짜에 꼬박꼬박 받을 수 있어야 해. 그래야 안정적인 생활이 가능하잖아. 민주도 해마다 새롭게 정해지는 최저 임금 액수를 뉴스에서 봤을 거야.

다시 말해서 임금과 근로 시간, 휴일과 휴게 시간 등을 근로 기준법에 따르도록 한 거야. 생각해 보면 당연한 것들이지. 또 이건 최저 기준이기 때문에 아래로 떨어뜨리는 계약은 무효야. 따라서 이러한 기준 위에서 회사와 노동조합이 교섭한단다. 회사가 이익을 많이 남겼다면 기여한 근로자들에게도 나누어 달라고 요구하는 식으로 말이야.

회사 입장에서는 이러한 요구가 자신들에게 불리하다고 여길 수도 있겠지. 하지만 국민 경제 전체로 눈을 돌리면 그렇지 않아. 민주도 경제는 순환적이라는 이야기를 들어 봤을 거야. 근로자는 소비자이기도 하고, 소비 활동이 있어야 기업 활동도 멈추지 않지.

근로자가 어느 정도 안정적인 생활을 하고 미래를 계획할 수 있도록 근로자의 신분 역시 특별한 보호가 필요해. 무엇보다 사용자가 마음대로 일을 그만두도록 해서는 안 되겠지. 해고는 정당한 이유가 있어야 하고, 적법한 절차에 따라야 해. 실체적 진실과 적법

변호사 아빠와 떠나는 '민주주의와 법' 여행

한 절차를 요구하는 형법과 비슷하지. 누군가를 해고할 때는 그만큼 엄격하게 보겠다는 거야.

꼭 해고해야 할 경우에는 정당한 사유가 있고, 어쩔 수 없는 불가피한 경우에 한해서 합리적이고 공정한 기준으로 대상자를 정한 다음, 반드시 서면으로 해고 사유와 시기를 알려 주어야 해. 그렇지 않으면 부당 해고가 되거든.

부당 해고를 비롯해 이유 없는 정직이나 감봉 따위의 불이익을 당한 근로자는 노동 위원회에 구제 신청을 할 수 있어. 법원에 소송을 제기할 수도 있지만, 근로자의 편의를 위해 특별 절차를 마련해 둔 거지.

청소년이라면 더욱더

민주 노동법이 중요하고 필요하다는 정도는 알겠는데요. 아직 제 일이 아니어서 그런지 잘 와닿지는 않아요. 근로 조건이 너무 당연하게 여겨지기도 하고요. 당장은 몰라도 될 거 같기도 한데, 청소년이 꼭 알아야 할 게 있을까요?

아빠 「양치기 소년」 이야기 알지? 양을 돌보던 소년이 심심풀이로 "늑대가 나타났다!"라고 소리쳤다는 이야기 말이야. 거짓말을 반복하다 큰 곤경을 겪는다는 교훈으로만 기억할 텐데, 지금 기준으로 생각해 보면 어떨까?

늑대가 나타날 만큼 위험한 환경에서 미성년자인 소년 혼자 일하고 있잖아. 너무 무서워서 거짓말이라도 해야 했을 거야. 어른들이 먼저 큰 잘못을 저지른 거지.

우스갯소리 같지만 현실에도 그런 어른들이 있어. 청소년이니까 불리한 조건을 건다는 게 당연하다는 식으로 노동력을 착취하지. 실습이라는 둥 그럴듯한 명분으로 속이기도 하고.

민주 주위에도 고등학교를 졸업하고 바로 사회에 나서야 하는 친구도 있고, 대학에 진학한 후 당장 아르바이트를 하는 친구도 있겠지? 그러니까 청소년과 상관없는 문제라고 생각하다가는 불이익을 입을 수 있어.

청소년 역시 근로 기준법에 따른 보호를 받아. 청소년이 근로 계약을 체결하려면 가장 먼저 거쳐야 할 과정이 있단다. 행위 능력을 제한받기 때문에 법정 대리인인 부모의 동의를 얻어야 해. 다만 부모가 근로 계약을 대신 체결할 수는 없어. 법은 항상 최악의 상황에 대비하거든. 일반적인 상황은 아니겠지만, 자녀를 돈벌이로 삼는 부모를 막으려는 거지. 같은 취지에서 임금 청구는 청소년이 독자적으로 할 수 있도록 했어.

18세가 되지 않은 청소년을 고용하려면 나이를 알 수 있는 가족 관계 증명서, 부모 동의서를 받아서 비치해 놓아야 해. 15세가 되지 않았다면 원칙적으로 일을 시킬 수 없고. 아이돌로 데뷔한다던가 하는 예외적인 상황이라면 고용 노동부 장관으로부터 취직 인

허증을 받아. 그만큼 청소년을 엄격하게 보호하려는 거지.

근로 기준법에서는 근로 시간과 근로 내용의 기준을 엄격하게 잡았어. 최상 근로 시간은 성인보다 적어서 하루 7시간, 일주일에 35시간을 넘을 수 없어. 근로 시간에 따른 임금은 성인과 똑같이 받아. 어려서 일이 서툴다는 식의 핑계로 최저 임금도 주지 않는다면 불법인 거지. 그런 일을 당했다면 지역 노동 위원회에 도움을 청하면 돼.

근로 내용에서는 도덕적·신체적으로 해로운 일은 금지하고, 청소년 보호법으로 안전장치를 덧씌웠어. 청소년을 고용할 수 없는 업종을 정해 놓았거든. 술집이나 클럽 같은 곳은 물론이고, 출입을 허용하고 있는 PC방, 노래방에서도 일할 수 없어. 밤늦게까지 영업하기도 하고, 성인들과 밀폐된 공간에 함께 있는 것은 부적절하다고 본 거야.

오늘의 방문 (오후 2시)

아름다운 청년
전태일 기념관

지하철 종로3가역과 을지로3가역 중간 지점에는 하얀 글씨가 전면을 빼곡히 메운 건물이 있습니다. 전태일이 근로 감독관에게 보냈던 진정서를 옮겨 만든 작품입니다. 건물 아래에는 한 손에 법전을 들고 금방이라도 거리로 달려나갈 듯한 그의 동상이 있습니다.

전태일은 1960년대 의류 제조 공장의 재단사였던 평범한 청년이었습니다. 당시 섬유는 우리나라 주요 산업 가운데 하나였는데요. 그가 일했던 청계천 평화시장에만 500여 개의 공장이 모여 있었습니다. 모두 사람의 노동력에 의존했던 영세한 업체들이었

변호사 아빠와 떠나는 '민주주의와 법' 여행

지요.

고작해야 40m² 정도 되는 공간에서 50명이 넘는 사람이 빼곡히 모여 일했습니다. 다락방이라고밖에 부를 수 없는 7m²가량의 작은 공간에서 10여 명이 있기도 했습니다.

근로자들은 햇빛도 들지 않는 곳에서 전등 불빛에 기대 하루 14시간씩 근무했는데요. 그들 대부분은 청소년이었습니다. 15세 남짓한 소녀들이 최저 임금이나 초과 근무 수당 따위는 알지 못한 채 1년 365일 재봉틀을 돌렸습니다.

그들은 몸도 마음도 건강할 수가 없었습니다. 섬유 먼지는 날리는데 환기 장치도 변변치 않아 폐 질환에 시달리기 일쑤였습니다. 보다 못한 전태일은 그런 환경을 바꾸는 일에 나섰습니다. 부당한 현실을 바꾸어 달라고 목소리를 높였고, 동참하는 사람을 모았습니다. 근로 기준법이 있었지만 그런 법이 있다는 사실조차 알려지지 않았던 시절이었습니다.

전태일은 다니던 직장에서 쫓겨나 공사 현장에서 막노동하면서도 투쟁을 멈추지 않았습니다. 제발 법을 따

건물 외벽의 글씨가 인상적인
아름다운 청년 전태일 기념관

라 달라고 청와대와 서울시를 비롯한 관계 기관에 끊임없이 호소했습니다.

그래도 바뀔 기미가 없자 동료들과 시위를 벌여 보다 많은 사람에게 현실을 알리려 했는데요. 시위마저 공권력의 방해로 무산될 위기에 처하자 전태일은 결국 극단적 선택을 하고 말았습니다.

"근로 기준법을 준수하라! 우리는 기계가 아니다!"라는 그의 유언은 뒤늦게나마 멀리 퍼졌고요. 세상을 보다 살기 좋게 만드는 힘이 되었습니다. 그가 있었기에 오늘의 청소년이 누리는 대한민국이 있는 셈입니다.

기념관에서는 22세에 세상을 떠난 전태일의 생애와 업적을 만날 수 있고요. 관련한 전시와 공연도 종종 열립니다.

기념관에서 나와 동대문 방향으로 청계천을 따라 걷다 보면 다시 한번 전태일을 만날 수 있습니다. 버들다리 혹은 전태일다리라고 부르는 다리 위에 세워진 큼직한 반신상입니다. 지금도 여전히 많은 사람이 찾는 동대문 패션타운 관광특구 앞인데요. 의류 공장들이 모여 있던 곳이자 그가 목숨을 바친 장소입니다. 더욱 많은 사람이 풍요를 누릴 수 있도록 대한민국을 끌어 올린 전태일의 희생을 기억해야겠습니다.

법에서 소외되는 사람들

대부분 사람은 일해서 생계를 이어 갑니다. 근로 기준법에서는 정신노동과 육체노동을 '근로'라고 하는데요. 정장을 차려입고 사무실에 앉아 일해도, 안전 장구를 갖추고 현장에서 몸을 써 가며 일해도 모두 근로자입니다.

근로자의 일터, 직장의 전형적인 모습은 사장님과 직원들로 꾸려진 회사일 텐데요. 일을 시키는 사람과 해내는 사람으로 나눌 수 있습니다.

근로 기준법이 보호하고 있는 근로 역시 그렇습니다. 사용자와 근로자가 체결한 근로 계약의 기준을 정하는 것이지요. 다만 고용된 근로자 숫자가 다섯 명 이상인 사업장을 대상으로 삼고 있습니다. 소규모 직장에서는 보호받기 어려운 셈인데요. 대기업일수록 고용이 안정되었다고 본다면 근로자 입장에서는 거꾸로 만들어진 법이지요.

근로 계약 없이 일하는 사람도 많습니다. 그들은 자연스레 근로 기준법에서 소외됩니다. 프리랜서라는 업무 형태를 들어 봤지요? 원래 돈을 받고 전쟁터에 나가던 중세 유럽의 용병을 가리키는 말인데요. 우리 말로는 '떠돌이 무사' 정도겠습니다. 게임이나 애니메이션에서는 일하고 싶을 때만 일하며 모험을 즐기는 매력적인 모습으로 나오는데요. 실제로는 길바닥에서 떨어야 하는 날들이 많았겠지요.

현실의 프리랜서도 대부분 그렇습니다. 하고 싶을 때, 하고 싶은 일을 골라서 하는 것은 환상이지요. 최저 임금과 근로 시간 보장 따위는 꿈도 못 꿉니다. 돈을 벌기 위해 이것저것 닥치는 대로 해야 하고요. 어쩌다 아프기라도 하면 곧바로 생계를 위협받을 수 있습니다.

대표적으로 프리랜서를 꼽았지만 비슷한 상황은 많습니다. 나홀로 사장님인 1인 회사, 그런 사업체에서 함께 일하는 가족, 아르바이트라는 이름으로 청소년이 맡는 일들도 대개 그렇습니다.

각종 통계에 따르면 일하는 사람 네 명 중 한 명이 안정적으로 임금을 보장받지 못하고 있습니다. 그럴수록 더욱 보호를 강화해야 하겠지만 그렇지 못하지요.

더구나 4차 산업 혁명으로 기술은 급속도로 발전하고, 많은 분야에서 자동화까지 이루어지고 있습니다. 미래에는 무슨 일자리가 없어질 것이라는 뉴스도 심심치 않게 나옵니다.

노트북이나 스마트폰만 있으면 어디서든 일할 수 있는 시대잖아요. 회사를 운영하는 입장에서는 사무실을 마련할 필요가 줄어드는 것입니다. 그러니 굳이 직원을 고용하지 않고 필요한 일만 프리랜서를 쓰겠지요. 따라서 일하고 있어도 근로 기준법을 적용받지 못하는 사람이 점점 늘어날 것입니다.

여러분이 본격적으로 사회생활을 할 때는 어떤 상황이 펼쳐질까요? 지금과 또 다르다는 사실은 분명할 것입니다. 헌법이 보장하는 근로의 권리를 지키기 위해서도 변화가 필요해 보입니다. 그런 미래에 대비해야 하는 여러분 스스로 고정관념을 뛰어넘는 아이디어를 찾아보기 바랍니다.

생각거리 1 노동자, 근로자라는 단어를 들으면 어떤 모습이 떠오르나요? 그런 모습이 맞는지 주변 어른들의 직업에 비추어 생각해 봅시다.

_____

_____

_____

_____

_____

생각거리 2 대부분 사람은 근로자로 경제 활동을 시작합니다. 직장을 고른다면 근로 시간, 임금, 복지 등 여러 요소 가운데 어떤 것이 가장 중요할지 미리 고민해 봅시다.

_____

_____

_____

_____

_____

1일 차

공정함을 상징하는 저울을 들고 있는 정의의 여신
© 2015. Deval Kulshrestha all rights reserved.
https://commons.wikimedia.org/wiki/File:Statua_Iustitiae.jpg

1789년 프랑스 혁명의 발단이 된 바스티유 감옥 습격
© 1789. Jean-Pierre Houël all rights reserved.
https://commons.wikimedia.org/wiki/File:Prise_de_la_Bastille.jpg?uselang=ko#%EB%
9D%BC%EC%9D%B4%EC%84%A0%EC%8A%A4

1776년 미국 독립을 위해 싸우는 미합중국군
© 2004. Domenick D'Andrea all rights reserved.
https://commons.wikimedia.org/wiki/File:BattleofLongisland.jpg

전쟁기념관에 전시되어 있는 대한민국 최초의 제헌 헌법서
© 2007. Rheo1905 all rights reserved.
https://commons.wikimedia.org/wiki/File:2007_11_25_WarMemorial_120.JPG

옛 대공분실의 흔적이 남아 있는 가늘고 긴 창문
© 2016. Jjw all rights reserved.
https://commons.wikimedia.org/wiki/File:Namyeongdong_Daegong_Bunsil.jpg

2일 차

1960년 4·19 혁명 당시 시위대의 모습
https://commons.wikimedia.org/wiki/File:4.19_%ED%98%81%EB%AA%85.jpg

자유의 한계에 관해 이야기한 올리버 웬들 홈스
https://commons.wikimedia.org/wiki/File:Oliver_Wendell_Holmes_Jr_circa_1930-edit.jpg

헌법 재판소 본관 건물의 정면 모습
https://commons.wikimedia.org/wiki/File:Constitutional_Court_of_Korea_(2015).jpg

3일 차

오스트레일리아 의회의 모습
https://commons.wikimedia.org/wiki/File:Tim_Smith_MP_being_sworn_in_at_the_58th_Parliament_on_23_Dec_2014_credit_CS.jpg

코로나19 확산과 관련한 국무 회의 모습
https://commons.wikimedia.org/wiki/File:20200303_%EC%A0%9C9%ED%9A%8C_%EA%B5%AD%EB%AC%B4%ED%9A%8C%EC%9D%98(%EC%98%81%EC%83%81%ED%9A%8C%EC%9D%98%EC%8B%A4)_02.jpg

2022년 5월까지 대통령부가 자리했던 청와대
https://commons.wikimedia.org/wiki/File:Korea-Seoul-Blue_House_(Cheongwadae)_Reception_Center_0688%269-07_cropped.jpg

4일 차

고대 그리스의 한 정치가가 사람들 앞에서 연설하는 모습
https://commons.wikimedia.org/wiki/File:Discurso_funebre_pericles.PNG

1969년 미국에서 한 소녀가 신문을 읽고 있는 모습

응원봉과 촛불을 켜고 집회에 참석한 시민들

대한민국 국회 의사당 전경

5일 차

그리스 신화에 나오는 괴물 샐러맨더를 닮은 선거구

국립 4·19 민주 묘지에 있는 수호자상과 기념탑

6일 차

네팔의 한 벽돌 공장으로 인한 대기 오염

기원전 2600년경 수메르인의 밭과 집 매매 계약서

대형 마트에 진열된 다양한 상품

7일 차

대전광역시 서구에 있는 대전 지방 법원

8일 차

1808년 영국 중앙 형사 재판소의 재판 모습을 그린 그림

1913년경 오스트레일리아의 한 교도소에서 교육을 받고 있는 수감자들

미국 국경 순찰대 요원이 체포자에게 미란다 원칙을 읽어 주고 있는 모습

9일 차

미국 노동자들이 근로권 보장을 요구하며 행진하는 모습

변호사 아빠와 떠나는 '민주주의와 법' 여행

https://commons.wikimedia.org/wiki/File:Jeff_Bezos_birthday_demonstration_and_
protest,_outside_a_Philadelphia_Whole_Foods_04.jpg

건물 외벽의 글씨가 인상적인 아름다운 청년 전태일 기념관
https://commons.wikimedia.org/wiki/File:%EC%A0%84%ED%83%9C%EC%9D%BC%EB
%B0%95%EB%AC%BC%EA%B4%80.jpg

변호사 아빠와 떠나는 '민주주의와 법' 여행

ⓒ양지열, 2025

초판 1쇄 인쇄일 | 2025년 1월 9일
초판 1쇄 발행일 | 2025년 1월 24일

지은이 | 양지열
그린이 | 박유나
펴낸이 | 사태희
편 집 | 박선규 정미리 · 책임편집 | 안주영
디자인 | 김경미
마케팅 | 장민영
제 작 | 이승욱 이대성

펴낸곳 | (주)특별한서재
출판등록 | 제2018-000085호
주 소 | 08505 서울특별시 금천구 가산디지털2로 101 한라원앤원타워 B동 1503호
전 화 | 02-3273-7878
팩 스 | 0505-832-0042
e-mail | info@specialbooks.co.kr
ISBN | 979-11-6703-142-6 (44080)
        979-11-88912-13-1 (세트)